经管文库·经济类

前沿·学术·经典

我国金融资源错配的
形成机理与效应研究

RESEARCH ON THE FORMATION
MECHANISM AND EFFECT OF FINANCIAL
RESOURCE MISALLOCATION IN CHINA

李　萌　著

经济管理出版社
ECONOMY & MANAGEMENT PUBLISHING HOUSE

图书在版编目（CIP）数据

我国金融资源错配的形成机理与效应研究/李萌著 . —北京：经济管理出版社，2023.9
ISBN 978-7-5096-9245-5

Ⅰ.①我… Ⅱ.①李… Ⅲ.①金融—资源配置—研究—中国 Ⅳ.①F832

中国国家版本馆 CIP 数据核字（2023）第 181974 号

组稿编辑：王　洋
责任编辑：王　洋
责任印制：黄章平
责任校对：陈　颖

出版发行：经济管理出版社
　　　　　（北京市海淀区北蜂窝 8 号中雅大厦 A 座 11 层　100038）
网　　址：www. E-mp. com. cn
电　　话：（010）51915602
印　　刷：唐山玺诚印务有限公司
经　　销：新华书店
开　　本：720mm×1000mm/16
印　　张：13. 25
字　　数：223 千字
版　　次：2023 年 10 月第 1 版　　2023 年 10 月第 1 次印刷
书　　号：ISBN 978-7-5096-9245-5
定　　价：98. 00 元

前　言

在现代经济发展的进程中，资本积累与技术创新是金融促进经济增长的两大重要途径。金融体系的主要功能是为了在一个不确定的环境中帮助不同地区或国家之间进行资源配置。然而，从全球各大经济体的发展来看，经济增长缓慢的原因并非来自资源缺乏或技术创新层面的短板，而是资源错配。资源错配使资源无法按照效率原则分配以达到帕累托最优的状态，这在一定程度上阻碍了经济增长的步伐。全球金融危机以来，随着国内外经济环境的变化，中国实体经济要素成本的不断提高，支撑中国制造业"大生产+大出口"的比较优势逐渐衰减。由于目前中国的金融体系仍然属于国家主导型，占有更多金融资源的企业反而产出效率不高，金融资源错配现象的普遍存在使金融服务实体经济发展的效率逐步降低。因此，深入探究金融资源错配的形成机理与效应，以便有针对性地提出政策建议，对于提升金融服务实体经济发展的效率以进一步深化改革具有重要的意义。

本书围绕金融资源错配这一主题，主要研究两大问题：第一，我国金融资源错配的形成机理，包括内在形成机理和外在形成机理；第二，金融资源错配的效应分析，在这部分，本书分别从行业间金融资源错配的效应以及企业间金融资源错配的效应展开研究。针对行业间金融资源错配的效应，本书主要探究了金融资源错配对全要素生产率的减损效应。针对企业间金融资源错配的效应，由于金融资源错配一方面引致产出效率高的企业难以获得金融资源，从而对企业的生产效率和投资效率造成负面影响；另一方面，产出效率并不高的企业却因非市场因素反而能够获得金融资源，这样一来，拥有金融资源的企业会拓宽其投资渠道，在其主营业务盈利性不高的情况下，转而投向高盈利高风险的领域，加大了企业的风险承担。因此，本书进一步将企业间金融资源错配的效应细分为两个方面，包括金融资源错配对企业投资效率的减损效应和金融资源错配的企业风险效应。

在分析我国金融资源错配的形成机理时，本书从内在和外在两方面研究金融资源错配的形成机理。研究发现，我国金融资源错配的形成机理既包括信息不对称、要素市场扭曲以及金融摩擦等内在市场因素，同时也包括所有制差异、政府对国企的倾向性公共政策、分税制改革带来的市场分割以及地方政府干预、预算软约束等外部因素。在中国转型式经济增长的发展过程中，金融资源错配的市场层面的成因和制度层面的成因不是独立地发挥作用，而是相互交织在一起共同对金融资源配置效率产生影响。

在分析金融资源错配对全要素生产率的减损效应时，本书从行业间金融资源错配的角度，首先，借鉴 Aoki 基于税态摩擦因子测度资源错配的框架，建立了一个含有部门特定摩擦的多部门竞争均衡模型。其次，采用"间接测度"方法，将所有可能的扭曲都用加在价格上的"税收楔子"来表达。同时，引入要素流动系数以及要素价格相对扭曲系数来表征要素错配水平。进一步地，通过拓展传统 Syrquin 分解，将资源配置效应分解为资源价格扭曲变动效应和行业份额效应，探讨不同年份、各个行业、不同生产要素的错配程度对全要素生产率及产出效率的减损效应。在理论分析基础上，基于 2008～2017 年我国沪深 A 股上市公司的面板数据进行实证研究，定量分析金融资源错配对全要素生产率以及产出效率的减损效应。研究发现，从总体来看，资本价格扭曲导致了金融市场上的不同企业的不平等地位，金融资源错配对全要素生产率存在减损效应。但从变化趋势来看，我国大多数行业的资本价格扭曲状态正逐渐纠正，经济增长逐渐由靠要素投入拉动转向靠资源的重新配置以及结构性改革拉动，说明纠正金融资源错配对于我国经济整体的发展起到一定的促进作用。

在分析金融资源错配对企业投资效率的减损效应时，从企业间金融资源错配的角度，基于现代资本结构理论中的 MM 理论，构建了金融资源错配对于企业投资效率影响的理论模型，研究在 MM 理论的假设条件放宽的情形下，金融资源错配是如何扭曲资本结构的债务融资属性的,并将这一扭曲传导至实体经济中的企业非效率投资。在理论分析基础上,基于2008~2017年沪深A股上市公司的面板数据,实证检验金融资源错配对企业非效率投资、投资不足和投资过度的影响,以及资本结构在金融资源错配与企业非效率投资间所起的中介效应。研究表明,金融资源错配对企业投资效率产生直接减损效应。从所有制属性上看,金融资源错配引致民营企业投资不足严重;从企业规模上看,金融资源错配引致大规模企业投资过度程度加深;从行业性质来看,金融资源错配加大了房地产企业的投资过度,房地产企业对制造业企业产生挤出效应。进一步分析发现,金融资源错配对企业投资效率产生间接减损效应。企业资本结构在金融资源错配与企业非效率投资间起到中介作用,金融资源错配扭曲了资本结构的市场治理属性,导致金融资源配置偏离了帕累托最优的经济状态,从而引致微观企业非效率投资。在研究金融资源错配的企业风险效应方面,基于现代资本结构理论中的权衡理论,构建金融资源错配对企业风险的理论模型,并基于2008~2017年沪深A股上市公司的经验证据,实证检验金融资源错配的企业风险效应。研究结果表明:一方面,金融资源错配提高了企业杠杆率,增加了企业的风险承担;另一方面,金融资源错配降低了企业经营效率,增加了企业的风险承担。因此,不断优化金融资源的配置对防范债务风险、加强监管具有积极作用。

本书在前面章节分析的基础上,进一步提出优化金融体系结构、促进资本市场发展、促进大型和中小型金融机构的配合、促进征信体系建设、优化监管理念、打破行政垄断、加快国有企业改革等政策建议,试图为不断提高我国金融资源配置效率做出些许贡献。但是,本书在理论和实证部分均存在不足。本书在金融资源错配的动态效应研究方面存在欠缺,同时在考虑企业的融资来源方面,还需进一步分析企业从信托投资公司、租赁公司、保险公司以及财务公司等非银行金融机构所获得融资的情况,以深化对我国金融资源错配的形成机理与效应的研究。

在本书的写作过程中,借鉴、吸收了国内外许多专家、学者相关领域的研究成果,感谢其为本书的创作提供了灵感源泉;感谢国家社科基金项目“市场决定背景下金融资源错配的微观基础及治理机制研究”(15BJL028)的支持。由于笔者水平有限,书中难免有不妥和错误之处,敬请广大专家、学者批评指正。

目　录

第一章 导论

一、研究背景、目的与意义

（一）研究背景

金融是现代经济发展的核心，是实体经济的血液。金融发展与经济增长一直以来都是经济理论和实证研究的热点问题。西方主流经济学研究运用已有的经济理论来整合金融发展与经济增长之间的关系，并评估金融体系在经济增长中量化的重要性。金融发展与经济增长之间存在的正向关系，使金融发展水平在扮演着未来经济增长、资本积累以及技术变革的预言家角色。1995 年，莫顿、博迪出版的《全球金融体系：功能观点》一书中认为，任何金融体系的主要功能都是为了在一个不确定的环境中帮助资源在不同地区或国家之间进行配置，其中包括清算和支付结算、聚集和分散资源、在不同的时间和空间转移资源、管理风险、提供信息等功能。因此，一方面，从社会角度来看，对利用市场体制配置资源和进行最终产品分配的不同情况进行社会评价是福利经济学的基本目标之一。另一方面，提高金融资源配置效率既能够有效发挥金融促进经济增长的作用，也能不断加快我国经济发展方式的转变。而如何提高金融资源配置效率，进而达到资源配置的经济效率评价标准，即经济的帕累托最优也是微观经济学研究的主题。从马歇尔提出的单个商品市场价格决定的局部均衡分析、瓦尔拉斯提出的全部商品市场价格决定的一般均衡分析、垄断市场利润最大化均衡分析，到基于不同假设条件设计的包括古诺模型、伯特兰模型、艾奇沃斯模型、张伯伦模型、斯塔克伯格模型以及卡特尔模型在内的寡头垄断传统理论，再到介于垄断和竞争之间的垄断竞争理论分析，众多学者对于如何实现资源的有效配置、提高资源配置效率进行了广泛而深刻的研究。但由于现实情况中不确定性的存在、要素流动的限制、市场分割等市场缺陷以及信贷约束、资源扭曲、政策倾斜等因素，资源的有效配置问题难以解决，现实经济中的金融资源错配问题普遍存在，经济运行已偏离帕累托最优的状态。因此，微观经济学近年来倾向于研究不确定条件下生产者和消费者的选择问题、非竞争市场的有效性问题、导致市场制度失效的外部性和公共产品问题以及委托—代理理论、逆向选择与道德风险等信息不对称问题。

伴随着大量宏微观数据在经济研究中的应用，国内外有关资源错配问题的理论分析及实证研究日益增多。2013 年《经济学动态评论》专门设置了"资源错配与生产率"专题，刊载了包括"资源错配与金融市场摩擦：来自借贷成本分散度的直接证据""资源错配与全要素生产率""资源错配与斯姆特—霍利关税的生产率效应""危机期间的资源错配与生产率：来自 1982 年智利危机的证据""金融与资源错配：来自工业企业数据的证据"等数十篇有关不同时期各国资源错配的成因、现状及影响的一系列相关文章，资源错配问题引起了广泛关注。

随着国内外经济环境的变化，中国实体经济要素成本的不断提高，支撑中国制造业"大生产+大出口"的比较优势逐渐衰减，金融服务实体经济发展的效率逐步降低。复合型通货膨胀冲击引发的"脱实向虚"、僵尸企业对配置效率产生的反向"挤出效应"、房地产企业与影子银行的迅速发展，一道成为当前实体经济配置效率低下的重要推手。尽管经历了包括利率市场化改革、国企改革等一系列经济改革，但中国的金融体系仍然属于国家主导型，占有更多金融资源的国有企业虽然产出效率不高，但依旧能够得到国家有关政策的支持，而非国有企业却面临着信贷歧视以及融资约束。金融资源错配在中国的金融体系中是显著存在的。Brandt 等（2013）估测了 1985~2007 年中国非农经济中由于资本、劳动力错配引发的全要素生产率损失，发现金融资源错配使非农业生产总值平均下降了20%，损失的不断增加可归因于国有及非国有部门之间的信贷错配。于泽等（2015）指出，中国货币政策执行模式加大了金融市场不完善，由于贷款规模管制，银行表内贷款稀缺，国有企业因企业规模优势拥有大量的抵押品，更容易获得银行贷款。Liang 等（2017）研究发现全球金融危机之后，中国的地方政府债务快速增加。与此同时，国有企业的杠杆率上升，非国有企业的杠杆率下降，政府债务在一定程度上对私人借贷有"挤出效应"。而相对于非国有企业而言，国有企业却是低效率的，信贷错配导致企业资本配置低效率，即企业投资过度和投资不足现象日益严重。因此，宏微观层面的金融资源错配在不同程度上导致了全要素生产率以及企业投资效率的降低。

40 多年的改革开放使我国取得了伟大的成就，在市场化和法治化改革推进较好的领域，其经济增长的质量和速度都得到了较大提升。但我们在市场制度环境方面仍然有很多不完善的地方，不公平不均衡现象带来的资源错配在一定程度上降低了效率。新时代中国经济由高速增长阶段转向高质量发展阶段，其要旨便是破除制约生产要素配置效率提高的体制机制障碍，让市场发挥作用。全面深化改革，由市场来决定资源配置，对于促进平衡发展，实现由所有权向产权的转变、从商品市场化到要素市场化的转变、从简政放权到减政减权减税减费的转变，不断促进国有企业改革，激发各类市场主体活力具有至关重要的作用。因此，基于目前现实状况，深入探究我国金融资源错配是否存在所有权异质性、企业规模异质性、区域异质性以及行业异质性，并进一步探讨我国金融资源错配的内在形成机理和外在形成机理、金融资源错配是通过何种路径影响企业投资效率及全要素生产率的、金融资源错配是否提高了企业的风险承担，以及如何从制度层面、改革层面以及企业自身层面来纠正金融资源错配，不断优化我国金融资源配置效率等问题，不仅关系到企业行业的发展，更与市场制度完善密切相关。这在一定层面上影响了我国经济发展结构的改善以及经济发展质量的提升。这一研究结果既可以从学术角度总结具有一般意义的理论，同时又可以从时间和空间的维度为其他发展中国家提供可以参照的教训和经验。

（二）研究目的

金融资源错配是阻碍中国生产率和产出效率提高的关键因素。针对金融资源如何合理配置问题的研究有助于加深我们对经济发展进程的理解，并为进一步探索经济增长内生动力奠定基础。本书试图从我国金融资源错配的表现及形成机理出发，分别阐述我国金融资源的所有权错配、规模错配、行业错配以及区域错配，进一步分辨众多的影响因素以测度其造成的错配程度及大小，并在分析金融资源错配对经济影响效应的传导机制、运作过程及其影响的持续性等方面寻求突破，探究行业间金融资源错配对全要素生产率的减损效应、企业间金融资源错配对企业投资效率的减损效应以及金融资源错配的风险效应。本书建立起一套从微观到宏观的系统性理论框架，为解决我国转型期出现的金融资源错配和诸多增长性难题提供参考和解决的依据。基于上述研究目标，本书试图探究以下两个问题：

（1）金融资源错配的表现、形成机理及影响因素测度。在金融资源错配的表现方面，区别于其他国家的资源错配，我国金融资源错配存在基于本国国情的特殊性，主要表现为金融资源的所有权错配、规模错配、区域错配以及行业错配。在金融资源错配的形成机理和影响因素测度方面，资源错配的研究框架主要分为两种，即"直接测度"和"间接测度"。"直接测度"即探究影响资源错配的直接来源，找到这一直接来源并进一步考察其造成的资源错配程度及其对全要素生产率和产出效率的影响。一般来讲，直接来源易识别，但在特殊情况下，如特惠模式，若特惠对象为低效企业，那么其他一些企业要获得资源就比较难，这样就会带来挤出效应、资源配置不公平的问题，同时对效率也会有不利影响。此外，特惠模式还会带来很多其他的问题，如腐败问题、地方保护、税率补贴等，这些有可能导致金融资源错配的因素都是无法定量衡量的。"直接测度"忽视了某一特定因素相对于其他因素的重要性。相对于针对某一特定因素进行局部分析的"直接测度"而言，"间接测度"则倾向于整体分析，将所有可能的潜在来源纳入到一个分析框架中，考察其造成的资源错配程度对于全要素生产率以及产出效率的影响。"间接测度"虽克服了"直接测度"的局限性，但它却忽视了在众多影响因素中，不同因素所占比重及影响程度的大小。本书则分别从金融摩擦、所有制差异以及政府干预等角度探究我国金融资源错配的形成机理，并试图构建可以融合"直接测度"与"间接测度"、局部分析和整体分析的统一的理论框架，研究这些因素造成的我国金融资源错配程度的大小及其对经济增长的影响。

（2）我国金融资源错配的效率减损效应及风险效应。本书试图引入拓展的经济增长分解框架，运用"间接测度"方法构建金融资源错配对产出效率以及全要素生产率的理论模型，探究所有潜在因素所造成的全要素生产率损失。同时，运用"直接测度"方法构建金融错配负担水平变量，探究在利率未完全市场化的背景下，不同企业的资金成本差异所导致的金融资源错配对企业投资效率的减损效应。此外，本书还进一步探究金融资源错配对我国企业的风险效应。先前文献大多侧重于研究金融资源错配对系统性风险的影响，本书则是从企业风险角度，探究金融资源错配通过提高企业杠杆率以及降低企业经营效率，进而增加企业的风险承担。

（三）研究意义

对金融资源错配的研究，有助于帮助人们更好地认识经济增长的整个过程，并最终解开"经济增长之谜"；从实践上讲，这类研究有利于帮助各个国家，尤其是发展中国家找出停滞根源、发现增长动力，并制定相应的政策。这些特点，决定了本书将同时具有较强的理论意义和实践意义。

1. 理论意义

1956 年，Solow 通过构建标准的新古典生产函数影响资本回报率的理论框架开始了对经济增长的研究。之后，不同国家的学者从储蓄率、人口增长率等宏观角度研究影响一国经济增长的根源。近年来，随着微观数据的逐渐可得，众多学者开始从行业和微观企业角度探究经济增长的相关内容。

Hsieh 和 Klenow（2009）的开创性研究提出，富国和穷国之间人均收入的差距很大程度上归因于全要素生产率的差异，而不同经济体全要素生产率存在差异的原因除了企业的技术差异，还来源于资源配置效率的差异。资源错配会造成全要素生产率损失。资源的有效配置使产出最大，这包含两方面：一方面是决定经营的企业（哪个企业来支付这个固定成本），另一方面是考虑在那些经营企业中，资本和劳动力如何配置问题。这两方面中的任何一方若非效率，都将导致经济体总产出的降低以及全要素生产率低下。那么,资源错配中侧重资本的金融资源错配是否对解释部门间总 TFP 差异也有关键作用呢? 要回答这些问题,我们需要测量金融资源错配的程度。如果金融资源错配很重要,那么是什么因素引起行业间以及企业间金融资源错配的呢? 这些因素又是如何相互影响的? 金融资源错配程度的加深除了对全要素生产率产生不利影响,是否还会对企业投资效率以及企业经营稳定性产生负面作用呢? 对于上述问题的探讨,会进一步加深我们对经济增长来源的理解。本书则是从微观角度审视这些问题,在一定程度上能弥补国内相关研究的空白,具有十分重要的理论意义。

2. 实践意义

改革开放使中国经济高速发展,但在改革浪潮背景下,一系列新问题也随之出现。资源配置过程中,政府干预虽在一定程度上弥补了市场固有缺陷,但过度干预及地方保护政策导致不同经济主体所拥有的资源与其效率不匹配,经济发展中的不公平和不均衡现象普遍存在,资源错配严重阻碍了生产效率的提高以及经济增长的进程。在资源错配的整个研究领域中,对金融资源错配的研究是重中之重。这既关系到金融功能的发挥,同时又影响着我国金融市场体系以及金融机构体系的不断完善。因此,在研究我国金融资源错配的内在形成机理和外在形成机理,并进一步探究金融资源错配的效率减损效应和风险效应的基础上,才能有针对性地提出相关对策。这对于目前全面深化结构性改革,不断推进金融深化及金融服务于实体经济具有现实意义,同时,也为相关政策的制定提供理论指导和智力支持。

二、相关概念界定

(一) 金融资源

最早提出"金融资源"这一概念的是西方学者戈德史密斯。在《资本形成与经济增长》一书中,戈德史密斯探究了金融资源和传递途径对经济发展速度和经济增长本质的影响。但在探究的过程中，他并没有将注意力集中在"金融资源"的理论含义上，而是将其作为一种辅助性概念，因此没有引起西方经济学界的重视。之后，我国白钦先教授进一步对金融资源这一概念进行系统性总结，于1998 年 5 月在中国社会科学院研究生院的演讲中和同年 5 月在"21 世纪全球金融发展国际研讨会"的演讲中提出了"金融资源"的概念，文献则比这要更早一些。白钦先（1998，2001）公开提出："金融是一种资源，是一种社会资源，是一国的战略性稀缺资源"，金融资源包括：第一，基础性核心金融资源，即货币及货币资金资本；第二，实体性、制度性中间金融资源，即金融组织与金融工具、相应的制度与法规、金融人才与金融意识等；第三，整体功能性高层金融资源，即以经济资源为基础，强调各类自然要素和社会要素能够创造价值、形成融资优势并体现金融功能。金融资源更少受人主观意志的支配与控制，更难能、更难成、更难得因而更稀缺。本书侧重于研究基础性核心金融资源，即货币与货币资金资本，包括企业从金融机构所获贷款、股票融资额、债券、基金、政府投资以及利用外资等。

（二）金融资源配置

资源配置是由每个消费者的消费水平和厂商的投入与产出水平来规定的。美国《现代经济词典》中写道："资源配置是指资源在不同的用途和不同使用者之间的分配；每一种经济制度的基本问题，都是如何使资源的分配产生最大的效能；资源必须用于生产消费者最需要的产品；另外，资源必须分配给生产能力最强的工业，最优的资源分配是通过自由价格制度取得的，在这种制度下，资源从获利较少的用途转向获利较多的用途，从不太重要的用途转向较为重要的用途。"资源配置的经济效率的评价标准即为帕累托最优。如果在不使至少一个人情况变糟的情况下，无法重新配置资源，那么此分配即为帕累托最优。也可以理解为，当且仅当没有替代状态会使一些人变得更好而不会让任何人变得更糟。帕累托最优的条件涉及交换、消费或生产效率。在现实经济中，由于完美竞争中的一些约束因素，如产品和要素的不可分割性、公共产品的共同财产权、信息不对称或不完全信息以及不完全市场等，帕累托最优往往难以实现。

在金融经济时代，金融成为当代市场经济资源配置的核心制度，金融资源的配置效率关系着其他经济资源的配置效率，金融资源配置成为资源配置的核心问题。与资源配置效率相适应，金融资源配置效率就是特定条件下的金融体系的有效性。"金融体系有效性是指一个国家、地区、经济体和经济单位将自身可支配的、稀缺的金融资源通过规范的制度和机制进行组织和运用，由金融机构作为金融中介完成的或由融资双方或多方在市场服务体系下实现的以尽可能低的成本（机会成本和交易成本）将有限的金融资源（货币和货币资本）配置到国民经济中最有竞争力、最有成长潜力的产业，以实现金融资源的帕累托最优。"[①] 金融资源的配置效率的高低，体现了金融与经济发展的协调度和一致性，以及在复杂的经济系统、金融资源系统及其各自的内部子系统之间协同、适配的状况。

（三）金融资源错配

资源错配是针对"有效配置"而言，"有效配置"是指从社会角度看能够让有限的资源获得最大产出的配置效率，而错配则是对这种理想状态的偏离。金融资源错配就是偏离金融资源最优配置或偏离金融资源的适度状态。在经济增长的一定阶段，金融资源供求存在一个"适度状态"[②]。"适度状态"的直接含义是金融资源供给总量与金融资源需求总量相均衡。金融资源的供给恰好满足了最适度的金融资源需求，不多不少。"适度状态"的深层含义是指金融资源供给与金融资源需求在结构上的一致性，即不存在供求结构失衡。上述两方面均衡表示金融资源配置逼近帕累托最优配置。而金融资源错配则是由于自然垄断、行政垄断、公共产品、外部性、不对称信息以及政府干预等因素导致市场失灵，使现有的金融资源未按照"有效配置"要求下的效率原则进行分配，因此难以达到帕累托最优标准。

金融资源错配又包括金融资源配置的"压抑状态"和金融资源配置的"过

---

① 王振山.金融效率论——金融资源优化配置的理论与实践［M］.北京：经济管理出版社，2000.
② "适度状态"并不仅是一种理论上的假设，也不仅是为了分析问题的方便，而是在实践中，金融内生于经济，经济必然存在客观的金融需求，这种需求量应该存在于一个相对稳定的区间。例如，货币供给相对于这个需求，既不能少，也不能多，这样才不会发生通货紧缩或通货膨胀。

度状态"。金融资源配置的"压抑状态"是指金融资源供给小于金融资源需求的状态。具体到微观层面而言，则是有生产能力的经济体所获得的金融资源不足以支撑其生产需求。金融资源的"压抑状态"大多出现在金融市场欠发达的发展中国家，金融管制、利率管制、信贷配给以及金融市场进入退出限制使得市场价格难以反映供求状况，金融政策和政府行政指令导致金融资源配置出现扭曲和错位，某些生产率较高并且存在生产潜能的企业难以获得金融资源。金融资源配置的"过度状态"是指金融资源供给大于金融资源需求的状态。金融过度往往表现为金融资源的过度集中使用，过多的金融资源投资于某一金融业务，一方面，会使其他金融业务因投资不足而减缓增长；另一方面，金融资源过度会引发经济泡沫的破灭，从而对经济增长和发展产生严重的损害。例如，将信贷补贴分配给特定用途和特定用户的做法排除了可能得到较高回报的项目，鼓励各种信贷机构官僚式地急剧增加等。作为一个资本市场，信贷补贴使许多无效率的厂商仍在经营，而那些有潜在效率的企业，其发展却受到了严重阻碍。

（四）减损效应

减损效应主要意指负效用。效用是西方经济学分析社会福利的重要工具。负效用是指商品或劳务的供给会给经济体和微观企业个体产生负面影响。由于金融资源未按照效率原则进行分配，金融资源错配会降低企业的生产率。本书分别从金融资源错配对全要素生产率的影响以及金融资源错配对企业投资效率影响这两方面探究金融资源错配的效率减损效应。

三、研究内容、思路与方法

（一）研究内容

金融资源错配现象的普遍存在一方面引致产出效率高的企业难以获得金融资

源，从而对企业的生产效率和投资效率造成负面影响；另一方面，产出效率并不高的企业因非市场因素反而能够获得金融资源，这样一来，拥有金融资源的企业会拓宽其投资渠道，在其主营业务营利性不高的情况下，转而投向高盈利高风险的领域，加大了企业的风险承担。因此，本书围绕我国金融资源错配的形成机理、效率减损效应及企业风险效应展开研究，共分为八个章节：

第一章为导论。本章首先主要介绍本书的研究背景、目的和意义，并对金融资源、金融资源配置、金融资源错配以及减损效应等概念进行界定。其次，概括本书的主要内容，确定其研究框架和采用的研究方法。最后，指出本书的创新点与不足，力图在研究视角、研究内容和研究方法等方面寻求新的突破。本章作为整本书的概括和总结，是全书展开的基础。

第二章为理论基础与文献综述。本章基于资源配置效率理论、金融功能论、包括金融抑制论和金融深化论在内的金融发展理论、包括 MM 理论和权衡理论在内的现代资本结构理论、信贷配给理论展开研究。同时，围绕金融资源错配的形成机理与效应这一主线，对金融资源错配的实质、金融资源错配的表现、金融资源错配的影响因素及其测度以及金融资源错配对全要素生产率和企业风险的影响等方面对金融资源错配的相关文献进行整理和回顾，并作进一步简要的评述。

第三章为我国金融资源错配的现状及指标测度。首先，本章分别从金融资源的所有制错配、规模错配、区域错配以及行业错配对我国现存的金融资源错配现象进行阐述和分析。其次，针对我国金融资源错配的指标测度方面，结合"直接测度"方法和"间接测度"方法分别测度行业间金融资源错配以及行业内企业间金融资源错配，为后文有针对性地研究行业间金融资源错配对全要素生产率的减损效应、企业间金融资源错配对企业投资效率的减损效应和风险效应奠定基础。

第四章为我国金融资源错配的形成机理。本章主要从金融资源错配的内在形成机理和外在形成机理展开研究。其中，内在形成机理包括信息不对称、利率不合理、要素市场扭曲以及金融摩擦等因素；外在形成机理包括金融体系不健全、我国经济体制特征造成的所有制差异以及包含政策倾斜、利率补贴和信贷配给等政策干预因素。通过结合金融资源错配的内外在成因进行分析，为后文第五章、

第六章、第七章以及有针对性地提出政策建议奠定基础。

　　第五章为金融资源错配对全要素生产率的减损效应。本章主要从行业间金融资源错配的角度，首先，借鉴 Aoki（2012）基于税态摩擦因子测度资源错配的框架，建立了一个含有部门特定摩擦的多部门竞争均衡模型。其次，采用"间接测度"方法，并不先验假定某一因素所造成的资源错配程度，而是关注所有潜在因素对资源错配的净影响，将所有可能的扭曲都用加在价格上的"税收楔子"来表达。同时，引入要素流动系数以及要素价格相对扭曲系数来表征要素错配水平。在传统的 Syrquin 分解中，产出变动可分解为要素变动和全要素生产率变动，而全要素生产率的增长进一步分解为行业全要素生产率的变动效应以及资源配置效应。本书通过拓展传统 Syrquin 分解，将资源配置效应又分解为资源价格扭曲变动效应和行业份额效应，探讨不同年份、各个行业、不同生产要素的错配程度对全要素生产率及产出效率的减损效应。在理论分析基础上，本章基于 2008～2017 年我国沪深 A 股上市公司的面板数据进行实证分析，估计全要素生产率大小，计算资本价格相对扭曲系数。同时，将带有扭曲"楔子"的均衡配置下的产出与不带"楔子"的均衡配置下产出进行比较，计算由要素价格扭曲所导致的金融资源错配的产出缺口，并进一步定量分析全样本金融资源错配对全要素生产率及产出的减损效应，以及分行业、分要素的错配状况变化对全要素生产率及产出变动的影响。

　　第六章为金融资源错配对企业投资效率的减损效应。本章主要从企业间金融资源错配的角度，基于现代资本结构理论中的 MM 理论，构建了金融资源错配对企业投资效率影响的理论模型，研究在 MM 理论的假设条件放宽的情形下，金融资源错配是如何扭曲资本结构的债务融资属性的，并将这一扭曲传导至实体经济中的企业非效率投资。在理论分析基础上，本章基于 2008～2017 年沪深 A 股上市公司的面板数据，采用"直接法"测度金融资源错配，并实证检验金融资源错配对企业投资效率的直接减损效应和间接减损效应，分析金融资源错配对企业非效率投资、投资不足和投资过度的影响，以及资本结构在金融资源错配与企业非效率投资间所起的中介效应。同时，基于前文所述我国金融资源错配的表现和现状，进一步分析了基于所有权性质、企业规模性质以及企业所在行业性质的金融资源错配对企业投资效率的差异影响。

第七章为金融资源错配的企业风险效应。本章同样是从企业间金融资源错配的角度，基于现代资本结构理论中的权衡理论，构建金融资源错配对企业风险的理论模型。基于 2008~2017 年沪深 A 股上市公司的经验证据，采用"直接法"测度金融资源错配，引入企业风险指标，一方面，探究了金融资源错配通过企业杠杆率途径对企业风险的影响机制；另一方面，探究了金融资源错配通过企业经营效率途径对企业风险的影响机制。同时，在此基础上，进一步探究我国金融资源的所有制错配和区域错配对企业风险的差异影响。

第八章为研究结论及政策建议。本章在之前各章分析的基础上，总结本书的研究成果，并进一步提出一些政策建议。最后对本书存在的不足之处以及今后的研究展望进行简要论述。

（二）研究方法

本书立足我国现实问题，选取代表性角度，分析我国金融资源错配的现状，探究金融资源错配的形成机理以及效率减损和风险效应。为了使研究结论更具有可靠性和一般性，本书力求使用多维度、多层次、多方法进行分析和探讨。具体而言，本书的方法可以归纳如下：

1. 理论分析、模型推导、数据测算和计量分析相结合

在分析金融资源错配对全要素生产率的减损效应时，本书借鉴 Aoki（2012）构造以税率表征资源流动障碍引致不同主体要素生产率差异的理论框架，建立含有特定摩擦的多部门竞争均衡模型，引入要素流动系数以及要素价格相对扭曲系数。同时，将资源错配与效率损失的研究与传统 Syrquin 分解结合起来，以企业最优化为出发点，找出当它们在面临扭曲的条件下以及未面临扭曲条件下的产出缺口。依据模型推导，从理论上得到金融资源错配在全要素生产率分解中的影响效应，以及具体分行业、分要素类型的错配状况对全要素生产率变化的影响。在此基础上，利用企业层面的微观数据对模型推导出来的参数进行数据测算和实证检验，做到从理论模型与实证分析相结合的角度考察我国金融资源错配对全要素生产率的减损效应。

分析金融资源错配对企业投资效率的减损效应时，本书基于现代资本结构理论中的 MM 理论，不仅探究了金融资源错配对企业投资效率的直接减损效应，同时进一步从间接减损效应角度，探究了金融资源错配是通过资本结构这一中介效应进而作用于实体经济中的企业非效率投资。在此基础上，运用微观企业的面板数据，对书中所提理论假设进行基础性检验以及稳健性检验，运用随机效应、固定效应、水平 GMM 估计和系统 GMM 估计更好地验证文章结果。

分析金融资源错配的企业风险效应时，本书基于现代资本结构理论中的权衡理论，探究了金融资源错配通过杠杆率途径以及企业经营效率途径作用于企业风险。在理论假设的分析之上，运用微观层面的企业数据进行实证检验，通过年度固定效应、省份聚类分析以及动态面板 GMM 估计验证文章的结果。

2. 比较分析法

分析我国金融资源错配的现状时，第一，根据企业所有权性质将企业分组，比较国有企业和民营企业之间总资产收益率以及 Tobin Q 值的大小，以说明我国金融资源的所有制错配；第二，根据企业的规模将企业分为大型企业、中型企业和小微企业，比较不同类型企业所获得的金融机构贷款额和小微企业从银行业金融机构、商业银行以及国有商业银行贷款情况，以说明我国金融资源的规模错配；第三，根据企业所属行业类型，比较房地产业，制造业，水利、环境和公共设施管理业，综合，建筑业，交通运输、仓储和邮政业，批发和零售业，电力、热力、燃气及水生产和供应业，租赁和商务服务业，卫生和社会工作、文化、体育和娱乐业，采矿业，住宿和餐饮业，信息传输、软件和信息技术服务业，农、林、牧、渔业，金融业以及教育业等 18 个行业的资产负债率和总资产报酬率大小，并进一步将制造业细分为 30 个子行业，分析其所占有的债务融资与资产报酬率之间的关系，以说明我国金融资源的行业错配；第四，根据企业所在区域特征细分企业，比较东部、中部和西部地区资产负债率与总资产报酬率的大小，以说明我国金融资源的区域错配。此外，在分析金融资源对企业投资效率的减损效应以及金融资源错配的企业风险效应时，将企业同样按照所有权性质、行业性质来分组，从多个维度考察实证结果，找出问题及矛盾的主要方面。

（三）研究思路

本书研究思路如图 1.1 所示。

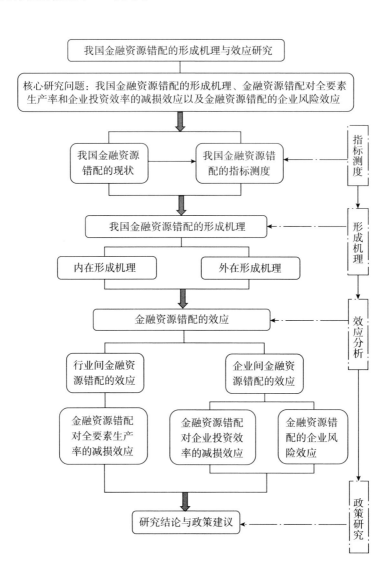

图 1.1　研究思路

四、研究的创新之处与不足

（一）研究的创新之处

第一，先前研究我国金融资源错配与全要素生产率关系的文献中，大多运用中国工业企业数据库来进行数据测算。本书则是基于中国沪深 A 股上市公司的数据，借鉴 Aoki（2012）的研究方法，构造以税率表征资源流动障碍引致不同主体要素生产率差异的理论框架，将资源错配与效率损失的研究与传统 Syrquin 分解结合起来，进一步探究金融资源错配对全要素生产率的减损效应。结果表明，金融资源错配在 2009～2017 年的大多数年份均对全要素生产率产生减损效应。同时，具体到各行业来看，"采矿业""电力、热力、燃气及水生产和供应业"以及"建筑业"的金融资源错配对全要素生产率的减损效应程度较大。

第二，本书不仅研究了金融资源错配对企业投资效率的直接减损效应，同时采用中介效应模型研究了金融资源错配对企业投资效率的间接减损效应，并得出结论：首先，从所有制属性上看，金融资源错配引致民营企业投资不足较为严重；从企业规模上看，金融资源错配引致大规模企业投资过度程度加深；从行业性质来看，金融资源错配加大了房地产企业的投资过度。其次，企业资本结构在金融资源错配与企业非效率投资间起到了中介作用，金融资源错配扭曲了资本结构的市场治理属性，导致金融资源配置偏离帕累托最优的经济状态，进一步引致微观企业非效率投资。

第三，本书进一步深入研究了金融资源错配的形成机理。本书不仅从信息不对称、要素市场扭曲以及金融摩擦等一般性市场因素探究金融资源错配的内在形成机理。同时基于我国具体的现实情况，从所有制差异、政府对国企的倾向性公共政策、分税制改革带来的市场分割以及地方政府干预、预算软约束等因素探究了我国金融资源错配的外在形成机理。

第四，本书在研究金融资源错配对企业风险的效应时，得出研究结论认为金融资源错配通过提高杠杆率，加大了企业的风险承担。同时，通过中介效应分析认为，金融资源错配通过降低企业的经营效率，加大了企业的风险承担。

（二）研究的不足之处

第一，本书重点是从静态角度，考察我国金融资源错配的形成机理与效应，但资源错配不仅表现为导致要素边际产品不等的市场摩擦的静态现象，同时还会影响企业的进入和创新激励，静态资源错配与其动态变化之间存在相互作用。Peters（2013）认为，不同市场摩擦阻碍了边际产品的平衡，进而导致了贫穷国家的总生产率低下。通过关注这种低效率配置，资源错配被解释为纯粹的静态现象。本书认为，资源错配与企业的创新决策和进入退出相联系，这些同样也决定着经济增长率，因此资源错配也会产生动态后果。Peters 构建了一个含有异质性企业的内生增长模型，引入动态因素，发现资源错配带来的福利损失相比于静态要大得多，减少企业进入壁垒的相关政策可以促进经济增长，并进一步减少资源错配。因此，今后还应在已有研究的基础上进一步从动态角度考察金融资源错配的相关内容。

第二，本书在分析企业的融资可得性以及融资成本的过程中，其债务融资来源大多考量的是商业银行等银行业金融机构，未来还需进一步分析企业从信托投资公司、租赁公司、保险公司以及财务公司等非银行金融机构所获得融资的情况，以深化对我国金融资源错配的形成机理与效应的研究。

第二章 理论基础与文献综述

一、相关理论基础

（一）资源配置效率理论

在经济学中，资源配置是由每个消费者的消费水平和厂商的投入与产出水平来规定的。资源配置的经济效率的评价标准为帕累托最优，资源配置效率也可称为资源配置帕累托效率。所谓帕累托最优指的是在不使一些人的情况变糟的前提下，无法增加另一些人的收益，即当且仅当没有替代状态会使一些人变得更好而不会让任何人变得更糟。所以说，帕累托最优性的概念假设任何人都希望选择更便宜、更有效或更可靠的选项。因此，资源配置是基于节约的、经济的原则。

金融资源配置作为资源配置问题的核心内容，其效率高低则是评价一个经济体金融市场或金融体系完善与否的重要标准。金融资源配置效率既包括金融市场自身效率，即股票市场、债券市场等资本市场履行直接融资职责的效率，又包括可进行间接融资的金融体系和金融机构将金融资源配置到效率高的企业或生产部门的效率。一方面，效率最高的企业或生产部门在资金可获得性方面应存在优势，而效率较低的企业获得资金较少；另一方面，能够获得金融资源的企业，应做到产出效率最大化。这两方面的统一，才能实现真正意义上的资源配置帕累托最优。

（二）金融功能论

金融功能论的两个基本前提：一个是金融功能比金融机构更加稳定，即金融功能较少随时间而改变，随空间而不同；另一个是金融功能优于金融机构，即金融机构中的创新和竞争模式会最终引致金融功能发挥的高效率。在上述前提假定下，任何金融体系的主要功能都是为了在一个不确定的环境中促进资源在时间上和空间上的有效配置。具体来说，有六项核心功能：

1. 清算和支付结算的功能

存款性金融中介机构（如银行）可以通过电汇、支票、信用卡或储蓄卡来提供此功能，而类似于货币市场共同基金这类的中介机构可以提供交易账户，而金融业务不占主导业务的企业可以提供普通信用卡。清算和支付结算功能旨在处理与此相关的成本和风险。成本以加工费用、转让税和抵押品维持等形式出现，而风险的产生是由于交易一方可能无法履行其条款，如买方可能无法安排融资，或卖方未能交付。管理这些成本和风险的关键要素包括净额结算安排、抵押品的有效使用、交付与支付、证券固定化和信贷扩展。此外，除这些传统的交易工具外，衍生工具作为支付体系的额外延伸，在很多领域也起到一定的替代作用。衍生工具能够将少量大额支付转换为大量小额支付，通过减少大额资金转移的发生概率，可以有效降低由单一违约引起的资金链断裂风险。

2. 聚集和分散资源的功能

金融体系提供了一种机制，可以用来汇集资金并承接大型企业或细分企业股份以促进多样化。在现代经济中，从企业筹集资金的角度来看，金融系统提供了多种机制（证券市场或金融中介机构），个体家庭可以将财富集中并供企业使用。从个体储蓄者的角度来看，金融体系也为家庭提供了参与大型投资的机会。

金融中介机构可以划分其所持有交易证券的单位规模，持有股票和债券的共同基金则是金融中介机构的例子。此外，证券化还被确定为未来汇集资源效率方面的一个关键因素。证券化实质上是从金融中介机构的资产负债表中将资产项移除，并将它们以更便利的形式打包给外部投资者，使其在金融市场上出售。

3. 在时间和空间维度转移资源的功能

金融体系提供了跨时间、区域和行业间转移经济资源的方式。一个发展良好、功能完善的金融体系有助于家庭消费的有效生命周期配置，并进一步推动误置资本分配给商业领域中最具生产力的部门。此外，健全的金融体系可以帮助企业有效分离所有权和经营权，并根据比较优势原则推动生产中的有效专业化。

此功能下的金融中介机构包括为企业投资和住房融资的银行和储蓄机构，为公司投资和支付退休年金提供融资的保险公司和养老基金，以及在大多数部门投资的共同基金。

4. 管理风险的功能

运作良好的金融体系有助于有效分配风险和管理风险。通过设计完备的金融产品以及通过私营部门和政府中介机构，金融体系为家庭和企业提供了风险分担的机会，促进了家庭部门的有效生命周期风险分担，允许用于实际投资的经营资本与承担这些投资风险的风险资本相分离。无论在国外还是在国内的背景下，根据比较优势原则，实际投资与风险承担的分离都要求生产活动进一步专业化。保险公司则是典型的提供风险保护的金融中介机构。保险公司对于人力资本、实物资产以及金融资产等方面的价值损失提供保护。共同基金通过提供多样化选择来帮助控制风险。

关于风险管理职能，主要有三种方式：套期保值、多元化投资以及保险。衍生工具则为一项重要的创新，它与保险合同的购买相同，衍生品将风险管理与资源转移分开。这些金融工具的发展对金融系统稳定性产生一定的影响，同时也使衍生品交易监管成为可能。

5. 提供信息的功能

金融体系能够提供价格信息，有助于协调各经济部门的分配政策。金融市场的一个显著功能是允许个人和企业交易金融资产。资本市场的另一个潜在功能是提供对决策有用的信息。例如，利率和证券价格是家庭部门或其代理人做出消费决策以及进行证券组合配置时会用到的信息。同样，这些价格也会为企业管理者选择投资项目和融资提供重要信号。

在过去的 20 年中，随着金融市场多样化的不断发展，金融工具的价格能够反映一些有用的信息。例如，如何从期权或期权类证券中提取有关证券、货币和商品价格变化的相关信息。波动性对于所有与风险管理和战略规划相关的决策都非常关键。1973 年交易期权的引入以及或有债权定价理论的发展使得我们能够从期权和其他衍生品的价格中推断出资产未来的波动性，这些衍生品的收益与资产价格间呈现非线性关系，根据这种方式提取到信息所得的估计结果称为隐含波动率。衍生品数量的增加可以在一定程度上汇集成更丰富的信息集，促进更有效的资源配置决策。

6. 解决激励问题的功能

当金融交易的一方具有另一方没有的信息，或是当一方是另一方的代理时，金融体系便会发挥其处理激励问题的功能。在合同执行机制存在成本的情况下，金融交易合同当事人无法被观测或控制，因此会产生道德风险、逆向选择以及各种信息不对称问题。激励因素会使金融交易合同变得困难并增加其成本，而金融体系会在一定程度上减少这些激励因素。具体而言，激励问题使公司进行外源融资的成本高于内源融资，这些额外成本的性质和规模主要受到企业行为的三个主要方面的影响：融资政策、投资和资本预算政策以及风险管理政策。金融体系能够应对克服这些激励问题，而金融市场中出现的证券创新以及风险管理计划中衍生工具的使用，也有利于缩小激励问题的范围并进一步降低激励问题的成本。

（三）金融发展理论

由于各个国家在文化传统、自然资源、受殖民奴役的经历以及政治制度等方面存在差异，人们似乎忽略了纯经济的分析。1965～1966 年，韩国进行了令人瞩目的金融改革，这次改革为在落后经济中实施成功的货币政策进行更全面的研究，提供了理论机制上的启发。同时，也进一步强调了金融机制的重要性，不管政府当局是决定维持和扩大"实际"货币存量（以反映商品和劳务价格变动的货币价值衡量的货币存量），还是准许货币存量继续减少和被大幅度征税，在许多国家，货币存量都会深刻地影响储蓄和收入的相互关系，以及投资的收益。

1973 年，罗纳德·麦金农（Ronald Mckinnon）的《经济发展中的货币与资本》和爱德华·肖（Edward Shaw）的《经济发展中的金融深化》两本书的出版，标志着以发展中国家或地区为研究对象的金融发展理论的真正产生。金融发展理论的核心部分是每个发展中国家的国内资本市场，以及货币政策和财政政策影响这个市场运行的途径。金融发展理论论证了金融发展与经济发展之间相互制约和相互联系的过程。麦金农和肖以发展中国家为研究对象，对金融发展与经济发展之间的关系进一步提出了"金融抑制"和"金融深化"两种理论，"金融抑制"对经济增长具有负向影响；相反，具有金融"深化"效应的新战略——金融自由化战略——则会不断促进经济发展。

1. 金融抑制论

金融抑制是经济发展战略的一个典型特征，有些国家认为货币变量难以控制，市场上相对价格的反映灵敏度离合意的水平要么太高，要么太低，或者市场容易被人利用，从而怀疑"市场的力量"，认为一个丧失了边际相对价格灵活性的经济，必定要求助于人为的干预政策去平衡市场。因此，在被抑制经济中，政策策略的特征就是干预主义。当政府实施政策以引导自己的资金在放松管制的市场环境中转移到其他地方的时候，金融抑制便发生了。

金融抑制政策各式各样，既有直接向政府提供贷款的养老基金、利率上限政策、跨境资本流动监管等手段，同时还包括政府与银行间的密切联系，即通过一些银行的公有制属性或通过大量的"道德劝说"使政府获益。其中，较典型的金融抑制干预手段是，在"有组织"金融市场上与银行及其他金融机构的存放款利率规定相伴随的一个正数和不断变动的通货膨胀率。在有组织的金融市场上，实际货币余额和其他一些金融资产的需求，往往对实际利率尤其是对通货膨胀缺乏弹性。对这种现象的一种解释是：通货膨胀率的某种程度的变化，对平均的预期通货膨胀率及其变动没有显著的影响。通货膨胀率的变动司空见惯，它已经包含在资产持有者的预期之中了。另一种解释是：货币持有者持有的货币额已经节省到了这样一个水平，即如果再增加一个货币单位，货币的边际效用将大幅度增加。货币持有者已经接近了货币饥饿阶段，即至少在出现更多的货币替代物或支付需求减少之前，货币的进一步节约，会导致难以接受的福利损失。货币需求对通货膨胀的无弹性，是金融抑制的标志之一。此外，在金融抑制的背景下，对名义利率的规定，有时采取规定最高上限的形式。实际上较低的贷款利率上限，强化了中介机构试图躲避风险的倾向和保持流动性的偏好。在中介机构贷款利率较低的情形下，一些借款者仍然会受到特殊优待，即能够通过负利率的形式而获得补贴，这种补贴实际上对储蓄者也产生了不利影响。甚至在一些情况下，预期投资产出并不高的投资项目也能够获得补贴，这便不利于提高生产要素的投资效率。因此，金融抑制在很大程度上导致了国内资本市场的分割，在质和量两方面都对实际资本积累产生了负面影响。

2. 金融深化论

关于金融深化与经济增长之间的关系是正面还是负面的问题一直是各国学者讨论的焦点。大多数支持金融深化的论据从新古典主义的观点出发，认为金融市场在配置稀缺资源方面是有效的。金融深化的讨论始于 Mckinnon（1973）和 Shaw（1973），他们指出经济发展与金融发展具有密切的联系，同时并进一步着眼于发展中国家，提出了以"金融深化"战略为核心的崭新的发展理论。金融发展与经济发展的良性循环过程被称为"金融深化"。金融资产价格是金融深化与否的最明显的表现。在扩展的资本市场上，利率这种价格可用来甄别各种投资选择，利率之间的差别趋于缩小，各种投资竞相争夺储蓄支配权。因此，金融深化是对储蓄流量进行竞争性和创新性分配的一个重要前提。

Mckinnon 和 Shaw 对传统的限制和控制金融市场发展的政府政策进行了批判，即利率上限、政府直接对银行提供的信贷和补贴导致过度需求以及资本的非效率配置。与上述金融抑制形成对比，金融深化对经济增长存在积极影响。首先，将市场化规则和竞争引入信贷市场提高了存款利率，导致更高的储蓄率。这反过来会增加可用于投资的资源数量。如果金融深化包括开放资本账户，那么（信贷和股权投资）资本流入会增加，再次提高了用于投资和经济增长的资金可得性。在这两种情况下，企业的融资约束会降低，从而带来更高的投资率和经济增长率。其次，竞争原则对银行的利润率，特别是对贷款利率施加压力。这降低了企业的债务成本，促进了企业投资和经济增长。再次，金融深化提高了银行和股权投资者等金融机构风险分散的可能性。贷款利率和股权成本的降低减少了企业的财务支出，最终促进了经济增长。最后，若银行信贷市场自由化，通过开放国内市场，引进先进的风险管理技术，那么银行便可以通过降低间接成本，改善风险管理，进而向市场提供新的金融工具和金融服务以赶超竞争对手，提高投资回报率以及资金配置效率。

金融深化理论对发展中国家的经济和金融改革具有重要的参考价值，它所提出的一些政策主张也有可借鉴之处，如把金融业的发展作为经济发展战略的核心内容之一；主张开放金融、减少行政干预，让金融业比较自由地发展，并同时进行财政、外贸体制的配套改革；反对过分依赖外资，认为必须防止外资输入带来的危害等。根据金融深化论，发展中国家应从实际出发进行以金融自由化为核心的金融体制改革，不断减少垄断收入，用市场去代替管制机构，提高资金配置效率，促进经济增长。

（四）现代资本结构理论

现代资本结构理论始于 Modigliani 和 Miller（1959）发表的著名论文《资本成本、公司融资和投资理论》，他们提出，在一个完全信息、竞争充分的市场中，企业价值与资本结构无关，这一无关性定理也被称为 MM 理论。MM 理论的建立标志着现代资本结构理论的开始。早期的 MM 理论是在不考虑企业所得税条件下得出的资本结构理论，而这与实际情况不符。因此，Miller 等对之前的 MM 理论进行了修正，他们于 1963 年发表的《公司所得税和资本成本：一项修正》中提出，在有公司所得税的条件下，企业债务具有抵税效应，而公司的价值会随着负债的持续增加而上升，当公司负债达到 100% 时，公司价值将达到最大。企业的资本结构与企业价值存在联系。

20 世纪 70 年代中期，基于 Miller 模型拓展的权衡理论产生。权衡理论认为最优资本结构应存在于债务的税收优势与破产成本现值之间的平衡。在一定条件下，企业层面的债务融资的税收优势被个人债务的税收劣势所抵消。如果存在较大的"杠杆相关"成本，如破产成本、债务代理成本以及非债务税盾的损失，且若权益收入是免税的，那么债券持有者的边际税率将低于企业税率，公司债务融资将具有正的净税收优惠。企业的最佳资本结构将涉及债务税收优惠与各种杠杆相关成本之间的权衡。

（五）信贷配给理论

20 世纪 80 年代以后，美国经济学家约瑟夫·斯蒂格利茨和阿瑟·威斯等学者以发达金融市场为研究对象，在不完全信息的假设前提下，提出了信贷配给理论。该理论认为，经济学最基本的原则是市场均衡，即供给等于需求。若需求超过供给，价格将被推高，从而需求减少或供给增加，直到需求和供应处于平衡状态。但当对可贷资金的过度需求或劳动力过剩情况出现时，信贷配给便产生。信贷配给现象可用短期或长期不平衡来解释。一方面，在短期内，经济受到外部冲击，由于劳动力或资本价格存在黏性，因此需要在这一过渡期进行劳动力或信贷配给。另一方面，长期的信贷配给一般是通过高利贷法或微型工资立法等政府约束来实现。在一个完全信息社会中，银行可以规定借款人采取的所有行动，但却无法直接控制借款人的所有行为。因此，它将以旨在促使借款人采取符合银行利益的行为以及吸引低风险借款人的方式制定贷款合同。"信贷配给"意味着一种情况下，贷款申请人是相同的，有些人能够获得贷款，但其他人不能，被拒绝的申请人即使支付更高的利率也不会获得贷款。另一种情况下，一些拥有信贷供应的团体即使信贷供应量较大，也无法以任何利率获得贷款。Stiglitz 和 Weiss（1981）开发了一个模型，为真正的信贷配给提供了理论依据。信贷配给主张，资本市场不但是连接储蓄者和投资者的媒介，而且还涉及借贷双方由于对投资项目所拥有的信息不对称所产生的许多问题。这些信息问题不仅形成了资本市场结构和债务手段，而且还影响着货币政策向商品市场传导的方式。

1. 信息不对称

信息在现代社会中的地位越来越重要。信息这种稀缺资源在现实社会系统中生产、发送、传递、接受和反馈的过程，并不能保证所有社会主体均能获得充分的信息，也不能保证一宗经济交易的相关当事人均有同等充分的信息，更不能保证所有经济主体都有意愿将自身的私人信息充分地公之于其他人。在社会经济系统中，信息的不对称性具有普遍性，这种信息不对称性造成了大量不良交易。

信息不对称是由阿克尔洛夫、斯蒂格利茨和斯彭斯这三位美国经济学家共同提出的。三位学者分别从商品交易市场、劳动力市场以及金融市场三个方面来对该领域进行研究和阐述。在信息不对称中，每个人获取的信息量是不均匀的，这就直接导致信息量更丰富的一方处于相对优势的地位，而另一方则处于相对劣势的地位。例如在资本市场中，资金的融入方与出借方之间就存在着明显的信息不对称现象：资金的融入方会获取更多的关于还款以及违约的概率等信息，作为融资主体也更清楚地了解自身项目的风险报酬情况；而出借方相对地只能在贷后确定融资方的还款能力以及违约的可能性，至于资金的实际用途，出借方更加难以确定。

银行对自身的风险把控是非常严格的，是一个典型的风险回避者，在经营过程中强调资产的安全性。因此，利率并不是衡量其是否贷款以及贷款多少的唯一因素，银行更要考虑的是贷款给其自身经营带来的风险。要想使自身稳定安全地发展下去，银行必须严格审核借款人的资质与还款能力，以此降低不良资产在总资产中的比例。

2. 逆向选择

信息不对称的影响来自两个方面，即逆向选择和道德风险。逆向选择问题来自商品市场中的买者和卖者关于商品质量的信息不对称。在许多市场中，买家使用一些市场统计数据来判断预期购买的质量。在这种情况下，由于优质产品的回报收益将由整体集团来享受而非个体卖家，个体卖家便有推销劣质商品的动机。因此造成商品平均质量以及市场规模的降低。1970 年，阿克尔洛夫的旧车市场模型开创了逆向选择理论的先河。在旧车市场上，逆向选择问题指的是这样一种情况：旧车的买卖双方关于旧车的实际质量存在信息不对称。旧车的卖方是实际了解旧车的质量的，而买方相对却不了解，买方更多了解的是旧车市场上的平均质量，因此买方愿意支付的价格只是旧车市场上平均质量相对应的价格——中等价格。而市场上高质量的旧车卖方获得不了相应的高等价格，会导致高质量旧车慢慢退出市场，只有低于平均质量的汽车卖者才会进入市场。市场上质量低劣的旧车充斥，买者愿意支付的价格也会逐步降低，从而使更多的旧车退出市场。如此循环下去，只有低质量的旧车才能成交，这就是所谓的逆向选择。

在金融市场上，银行的利率既有正向选择作用，也有逆向选择作用。如果利率相对降低，则可以吸引风险较小的投资项目与投资者，此类贷款方还款能力也比较强，违约风险较小，相应地就会增加银行的利润，这就是正向选择效果。相反，如果利率提高使低风险投资者难以融入资金，反而吸引了高风险高收益的投资者与投资项目，此类项目与投资者的还款能力相对较差，违约风险高，坏账较多，那么就会降低银行的利润，这就是逆向选择效果。

3. 道德风险

逆向选择问题存在于不对称信息发生在合作之前，与逆向选择问题相对应的是道德风险。道德风险问题存在于不对称信息发生在合作之后。在道德风险理论中，委托人在签订合同时知道代理人的类型，但是合同签订之后不能观测代理人的行动。道德风险问题又分为隐藏行为的道德风险和隐藏信息的道德风险。在隐藏行为的道德风险中，签约时，信息是对称的，因而是完全信息博弈。签约后，代理人选择行动；自然选择状态；委托人不能直接观测代理人的行动和自然状态，而只能观测到由代理人行动和自然状态共同决定的结果。因此，信息是不完美的。例如，雇主和雇员的关系。在隐藏信息的道德风险中，签约时，信息对称，处于完全信息状态。签约后，处于自然选择状态；代理人观测到自然的选择，然后选择行动；委托人观测到代理人的行动，但不能观测到自然的选择，因此，信息是不完美的。事后信息不对称将导致"道德风险"问题的发生，这使保险公司面临着无法预知投保人行为的被动局面。投保人向投保公司投保并签订保险合同这一经济行为，会在很大程度上改变投保人的行为方式。投保人会因已签订投保协议而松懈责任，不注重防范风险，进而引致损失。

在金融市场中，当贷方和借方之间的合同是一个允许破产的债务合同时，贷方提高利率会进一步刺激借方进行高风险投资。高风险向来伴随着高收益，借款人想要得到较高的预期收益，则需投向风险相对较高的项目。而对于银行来说，正相反，如投资风险较高，相对应的违约风险就会很高，坏账较多，利润则会下降，因此是低风险高收益。

二、国内外研究综述

（一）金融资源错配的实质

1. 金融资源错配的产生

金融资源错配最早产生于资源配置效率理论。"有效配置"是指从社会角度出发，保证有限稀缺资源获得最大产出的配置效率，即按照效率原则，实现帕累托最优。在经济社会中，如何处理稀缺资源供给与资源需求间关系是资源配置问题的核心。资源配置效率反映了稀缺性的资源在不同生产主体间进行分配产生的效益，即资源配置到效率最高的部门和企业的有效程度。金融资源配置在资源配置中发挥着主导作用，因为金融资源的流向带动了其他经济资源的流向。当出现自然垄断、行政垄断、不对称信息及政府干预等情况的时候，市场失灵，资源未按照效率原则进行分配并偏离最优配置状态，即包括劳动、资本、土地等实物性生产要素与对它们有补充、决定和限制作用的抽象性资源不能完美结合时，"资源错配"就会产生（Restuccia and Rogerson，2013）。

2. 金融资源错配的内涵

在实际问题研究中，基于探讨资源错配的内涵，国内外学者主要是采用两种表述：第一，假设某发达国家的资源配置达到帕累托最优，那么以发达国家的经济效率为衡量标准，欠发达国家与发达国家经济效率差距中损失严重的部分称为资源错配；第二，建立资源错配的变量测度与特定的产业结构、政府政策和经济制度之间的联系，那么由某种要素价格扭曲造成的经济效率损失部分可被称为资源错配。此外，从经济系统的静态和动态角度出发，资源错配还可分为"内涵型错配"和"外延型错配"。

Hsieh 和 Klenow（2009）构建异质性企业的垄断竞争模型，并设定前提假设，收入生产率在同一行业内不同企业间不存在差异，除非这些企业面临资本或产出扭曲。不存在扭曲的情况下，资本和劳动力应该配置到实际生产率较高的企业，这样高产出将带来更低的价格。在存在扭曲的时候，企业层面的扭曲可以用静态的收入生产率差异来衡量。Restuccia 和 Rogerson（2008）采用了一个不同的方法。他们没有关注特定企业的效率或收入生产率，而是认为企业间资源错配会对总的 TFP 产生重要影响。例如，一个经济体含有两家企业，这两家企业拥有相同的技术，但其中有政治关联的企业能够获得财政补贴（如国有银行），而另一家公司（没有政治关联）只能以高利率从非正规金融市场借款。假设两家企业资本的边际产品等于利率，那么获得信贷补贴企业的资本边际产品将会低于那些只能从非正规金融市场借贷的企业边际产品。这是典型的资本错配：如果资本从边际产品低的企业重新分配到边际产品高的企业，那么总产出会提高。Dollar 和 Wei（2007）指出，在经历改革后的中国，国有企业的资本回报率仍然低于国内私营企业或是外资企业。相似地，某些地区和部门的资本回报率也始终低于其他地区和部门（区域和部门间的资本回报存在系统性分散），不同所有权、不同区域以及不同部门的资本边际收益仍不均衡。沈春苗（2015）指出，资源有效配置的判断标准是，同一行业内不同企业的边际收益产品相等，资源配置在行业内实现帕累托最优；行业内资本边际收益产品或劳动力边际收益产品在企业间存在差异，说明行业内企业间存在资源错配。以上四种解释都可称为"内涵型错配"。

Banerjee 和 Moll（2010）构建含有信贷约束的资本积累模型，探究资源错配的内延边际和外延边际。文章认为，外延边际错配区别于传统的内延边际错配，它不侧重于研究不同性质企业间要素边际产品不等所导致的错配，而是更侧重企业的进入和退出效应，即因市场扭曲、金融摩擦等一系列因素，低效率企业在市场中的继续存活，对高效率企业产生挤出效应，使生产效率高的企业无法进入要素市场。外延边际错配所研究的经济体生产函数非凸，或某些个体的资本为零，因此难以运用现有的关注边际产品相等的衡量资源错配的方法来研究。此外，内延边际错配会逐渐消失，但外延边际错配将持续存在。Midrigan 和 Xu（2014）通过构建动态模型，发现以融资约束形式出现的金融摩擦通过扭曲了企业进入和技术采用决策，阻止生产性传统部门的生产者进入现代部门，从而造成了全要素生产率的损失。以上解释均可称为"外延型错配"。

（二）金融资源错配的表现

有关金融资源错配的表现方面，国内外文献大多从四个角度展开分析，分别是所有制、规模、行业以及区域。

1. 金融资源的所有制错配

Cull 和 Xu（2003）运用中国国有企业数据，探究了政府和国有银行是如何向国有企业提供信贷的。国有企业的工业产出份额虽然在不断降低，但他们所拥有的雇佣工人及固定资产却占据了总量的一半以上。文章通过调查政府转移支付是否被用来维持利润最低的国有企业，以及银行贷款是否倾向于相对盈利的企业发现，20 世纪 80 年代初，银行贷款与国有企业盈利能力正相关关系逐渐变强，但随着改革的不断推进，政府救助职责转移至银行，银行贷款与企业盈利能力之间的联系减弱。这也在一定程度上反映了银行贷款与预算软约束的关系。Song 等（2009）通过构建一个与中国转型经济一致的增长模型，发现金融抑制的程度存在差异，私营企业在信贷市场受到所有制歧视。中国的银行（大多是国家控股）倾向于将信贷提供给国有企业（Boyreau-Debray 和 Wei，2004）。因此，国有企业可以通过外部融资进行投资。私营企业和国有企业在生产率及金融市场信贷可得性方面存在显著差异。中国仍然是政府主导型金融系统，银行行为在很大程度上决定了企业面临的预算约束的硬度，尽管经历了这些年的改革，但商业银行、投资银行以及其他金融服务的进入壁垒仍然严格，国有经济的金融部门集中度很高。私营部门作为中国经济发展最有活力的部门，贡献了经济产出增长率的一半以上，但私营企业从中国国有商业银行所获借贷仍然较少。私营企业的大部分投资来源及经营资本都来自留存收益、非正式融资以及企业间借贷。政府将资本配置到生产率较低的区域，这种资本配置原则主要是扶持国有企业。私人部门的资本产出效率也不足以弥补国有金融非效率带来的损失，私营部门的快速发展与其所获借贷的对比反映出正规金融市场对于私营企业的歧视。Wei 等（2016）通过引入政府偏好将金融资源错配内生化、权衡国有企业利润与当地总产出之间的关系发现，地方政府加大了对国有企业的信贷补贴。在国有企业份额较高的地区，金融资源错配更为严重。

国内众多学者在研究中国金融资源错配的表现时，也强调了金融资源的所有制错配的普遍存在。金融体制虽经历了一系列改革，但中国仍然是金融中介主导的间接融资模式，其最大特点是国有金融中介的垄断。与国有金融中介具有天然联系的政府、国有企业、国有金融部门在信贷资金可得性方面的优势，使非国有部门在资金融通上受到阻碍和抑制，同时，国有金融部门产出的低效率也进一步加重了这种金融资源错配的后果（鲁晓东，2008）。以银行信贷为例，国有企业虽然在创新能力和生产效率方面存在劣势，但它却能够优先获得贷款，并且能够享受低利率的补贴政策，然而民营企业的情况却相反。民营企业在生产率较高且具有较大发展潜能的前提下仍然不能够获得充足的资金支持（冀相豹和王大莉，2017）。此外，靳来群（2015）研究认为，所有制差异导致不同所有制企业间存在错配，同时在国有部门内部，信贷资源也存在错配，信贷资源依企业生产率而流动的能力也要显著小于非国有部门（若两企业生产率存在 1 单位的差异，那么非国有企业中，金融资源就会向相对高 1 单位企业多流入 1 单位资金，但国有企业中的金融资源只会向相对高效率的企业流入 0.5 个单位）。同时，商业信用融资流入了生产率更低的企业，而企业的国有身份减慢了这一金融资源的反向流动能力。

2. 金融资源的规模错配

企业规模影响企业的融资能力。一般情况下，大规模企业因其抵押品优势而通常被认为具有较强的融资能力，因此，相比于小规模企业，大规模企业更容易获得金融资源。但由于大规模企业注重总量增长，在人员冗余、技术进步以及管理思维创新等结构性发展方面存在漏洞，在现代经济发展过程中，所获得的金融资源未发挥出最大效率，金融资源的错配反而造成了效率低下以及资源的浪费。邢天才和庞士高（2015）基于企业资产规模和经济发展周期两个角度，探讨资源错配中的资本错配和资本边际产品收益之间的关系，并进一步研究二者关系在企业资产规模和经济发展周期上的差异性。研究表明，相比于大型企业，小企业面临更高的资金使用成本，但却拥有更高的资本边际生产率；同时，企业整体上在经济下行时比经济上行时面临更严重的资本错配，大企业的资本边际生产率对其资本错配程度影响的变化在经济下行时反而更敏感。

对于大型银行和中小银行与中小企业的关系来讲，中小银行在向中小企业提供贷款时具有"小银行优势"。基于不完全契约理论，小型企业在评估投资项目时具有比较优势，因为项目信息属于"软"信息，并且无法从企业的一个代理商传达至另一个代理商。所以说，小型组织在广泛使用"软"信息的活动中具有比较优势。而当有关投资项目的信息可以被"加固"同时也可以在层次结构中进行传递时，大型组织的表现相对较好。这种模式自然适用于银行业，信息对于贷款活动而言至关重要。由于贷款是一项严重依赖于软信息生产的活动，因此，大型银行一般会倾向于回避小企业贷款。例如，贷款职员在考察是否向未经过审计的小型初创企业贷款时，最好的衡量办法便是去接触企业负责人，以确定他是否诚实、谨慎和勤奋，即是否为"信用贷款"的经典候选人。但由于这些信息属于软信息，无法在贷款人员传递给上司的报告中进行验证，这就会削弱贷款人员去收集高质量信息的动机。相比之下，在与拥有良好记录的大型企业打交道时，资金供给与否可以更多地基于可验证的信息，如企业的损益表、资产负债表以及信用评级。在这种情况下，大型银行会为信息生产提供激励（Berger et al.，2002；Stein，2002）。大型银行与小型企业在所获信息层面上的不匹配使得中小企业难以获得银行贷款。另一些研究超越软硬信息的标准，分析大型和小型银行在特定贷款技术方面的比较优势。Berger 和 Black（2011）探讨了大型银行运用硬信息借贷技术向小型企业提供贷款的比较优势，同时研究了大型银行使用如资产租赁和基于抵押品价值的贷款技术向小型企业提供贷款的可能性，并进一步分析了小型银行利用软信息向小企业提供贷款的比较优势，得出了与以往研究不同的结论。研究表明：①大型银行在多种固定资产贷款技术中都有不同的比较优势，这意味着单一层面的硬技术并不能代表所有的硬贷款技术；②大型银行在硬技术方面的比较优势并不随着企业规模单调增加；③小型银行在关系贷款方面存在比较优势。关系贷款主要基于在长期的银企合作关系中收集到的信息，如企业所有者的品性或可靠性，这通常被归为软信息技术。在中国，大型企业中很大一部分是国有企业，由于国家控股大型商业银行的天然属性以及与国有企业的联系，使大型企业在生产率以及投资效率较低的情况下，仍然能够获得银行贷款支持，银行倾向于为大企业融资（Straham 和 Weston，1996；Peek 和 Rosengren，

2005）。

3. 金融资源的行业错配

Nguyen 等（2016）研究了土耳其行业间资源错配，分析了资源错配会随着时间推移和部门分解进行演变，配置效率的提高在 2003～2013 年相当可观，在 2007 年之后显著放宽。然而，在 2014 年初期制造业的资源配置情况发生逆转，随后不断恶化。跨部门分析表明，资源错配在纺织业、运输业、食品和皮革业最为明显。从中国目前的总体情况来分析，行业内金融资源错配与行业间金融资源错配存在趋势上的差异。行业内企业间金融资源错配存在"U"形趋势，而行业间金融资源错配缓慢上升（韩剑和郑秋玲，2014）。Chivakul 和 Lam（2016）运用上市公司的数据来评估中国企业债务上升带来的风险，发现虽然企业部门平均杠杆率不高，但存在显著的厚尾性，高杠杆企业的债务负担占企业债务总额的很大一部分，并且主要集中于房地产业、建筑业和采矿业。房地产业和建筑业尽管杠杆率较高，但却面临着较低的借贷成本，虽能承受一定的利率冲击，但房价下跌会增加企业部门脆弱性。中国绝大多数行业资本配置不足，劳动力配置过剩；分行业来看，资本密集型行业资本配置过剩，劳动力密集型行业资本配置普遍不足，技术密集型行业劳动力配置存在明显缺口（季书涵等，2016）。Wei 和 Li（2017）研究了中国浙江省制造业各子行业间的能源错配情况发现，在纺织、造纸、化工、塑料、非金属、黑色金属以及有色金属等行业，能源被过度使用。相比之下，在饮料、纺织服装、皮革、运输设备、电器机械以及通信设备等部门中能源使用不足。这些调查结果有助于帮助决策者将重点放在错配程度较高的部门，从而确定哪些投入要素被不恰当地使用，进一步通过降低总体生产成本来提高经济效率。

4. 金融资源的区域错配

Jianxin 等（2018）通过运用 2000～2013 年中国 31 个省份的地方政府债务数据，考察了资源区域错配和全要素生产率。研究结果表明，忽视地方政府债务会夸大中国各省份的经济表现。与非东部地区相比，东部地区的单因子效率和全要素生产率表现更好，西部地区的综合因素表现最差，东北地区是唯一一个全要素生产率下降的地区。在中国，国家主导的以投资为导向的发展模式虽然可能有助于各地区的技术进步，但却会导致严重的要素区域错配。国家对于生产力较低的西部、中部和东北部地区的偏向使其能够获得较多的投资和土地供应，而这却是以生产力较高的东部地区为代价。资源区域错配是导致中国经济增长放缓的重要原因。张慧慧和张军（2018）通过构建理论模型，利用经济普查数据测算了中国分区域的资本扭曲程度，发现我国资本扭曲程度在2004~2013年一直处于不断恶化的状态，东北部和中西部的资本扭曲程度明显大于东部地区的资本扭曲程度，中西部和东北部与东部地区存在较明显的生产技术差距、成本差距以及全要素生产率差距。金融资源的区域错配导致不同区域全要素生产率存在差异。韩剑和郑秋玲（2014）、靳来群（2015）都认为中西部地区的金融资源错配程度大于东部地区。周海波等（2017）分地区研究发现，东部地区要素资源供给不足，中西部要素资源供给过剩。资本要素在中部、东部、西部三个地区的错配程度加重，劳动力要素在三个地区的错配程度缓解。

（三）金融资源错配的影响因素

1. 政策扭曲

国内外关于金融资源错配的成因及其对 TFP 的影响等方面研究层出不穷。企业层面的政策扭曲，如税率差异或监管方式的不同会导致企业间资源错配，降低总生产率（Brandt et al.，2013）。政府可能对特定生产者给予特殊的税收优惠政策以及优待合同。通常与低生产力相关的公共企业可能会获得政府的大量补贴。但在南亚、西非和拉丁美洲，普遍的情况是，即使国营企业得到了大量贷款利率补贴、税收优待和其他优惠，但它们的盈利甚微，甚至还亏损。因此，导致资源的非最优配置以及较低的 TFP 水平（Bartelsman et al.，2013）。Peek 和 Rosengreen（2005）认为金融资源错配的影响因素各异，政策扭曲的直接影响是使企业价格方面产生异质性，不仅如此，政策扭曲还会进一步影响总产出和总体TFP。例如，银行信贷根据非经济因素来进行配给，导致信贷错配。这种类型的错配在日本很普遍。Schivardi 等（2017）基于银企关系的数据，发现在欧债危机期间低资本化银行不会切断对濒临破产企业的信贷支持，信贷错配提高了正常企业的失败率，却减少了无法继续存活企业的失败率。Caballero 等（2008）指出在

20 世纪 90 年代日本停滞时期，银行的宽容贷款从医疗企业转移至僵尸企业。Gorodnichenko 等（2018）使用来自 28 个欧盟国家公司的 EIB 投资调查数据，探究资源错配的成因，即不同主体边际收益产品存在差异的原因。研究发现，欧盟各个公司的边际产品分散程度大约是美国的两倍，若将其降至美国水平将使欧盟 GDP 增加 30% 以上。资本和劳动力的边际收益产品大致取决于人口统计、要素投入质量、资源利用以及投入的动态调整等企业特征。文章强调了融资约束对边际产品分散的影响比先前文献中假设的要小，边际产品分散的跨国差异更多地归因于制度和政策环境因素。Hsieh 和 Klenow（2009）认为在印度，行业内错配可归因于政府许可和规模限制等政策，这些扭曲会阻碍效率企业达到最优规模，同时也会使无效率企业免于减产或退出。Restuccia 和 Rogerson（2008）特别指出，造成特殊扭曲的政策多样，文章将政策具化成税收和财政补贴。政策扭曲虽不依赖于总资本积累和总相对价格的变化，但却扭曲了不同生产者面临的价格，使个体生产者面临价格差异，从而会使产出和全要素生产率大幅下降 30% ~ 50%。Guo 等（2019）基于标准化的单一部门新古典增长模型，研究资源错配的长期宏观经济效应。研究发现，在渐进的财政政策规则下，资本和劳动力投入从更富有成效的企业转向生产率较低的企业，因为后者面临较低的税率。由于低生产率的企业对高效生产资源使用的低效率，当累计税提高时，经济的总体产量便会下降。

制度安排也会导致资源错配。Claessens 和 Perotti（2007）认为发展中国家或新兴国家，由于制度薄弱，获得信贷的机会不均衡。政治和经济精英占据了金融发展的主要收益，这种弱化的制度会产生不平等。制度的质量对于金融发展具有决定性意义。McKinsey Global Institute（1998）指出，巴西零售业低生产率背后的一个关键因素是劳动力市场法规推高了超市相对于非正规零售商的劳动力成本。尽管生产率低，但非正规零售商的低劳动成本使其能够掌握巴西零售业的大部分份额。Parente 和 Prescott（2005）研究了垄断对于非效率技术使用的决定作用。Herrendorf 和 Texeira（2003）拓展了 Parente 和 Prescott 的模型，指出，若垄断在投资部门更为普遍的话，那么会导致相对价格和资本积累效应。Schmitz（2001）与前者研究类似，他认为投资部门的低 TFP 会导致较低的资本积累，但是在他的模型中低 TFP 来源于政府对非效率公共企业的政策支持。正如 Hsieh 和 Klenow（2009）提出的，投资部门的低生产率是贫穷国家实际投资率低的核心因素。Lagos（2006）研究了劳动力市场制度对总 TFP 的影响。Bergoeing 等（2004）指出，在 20 世纪 80 年代初的债务危机之后，智利比墨西哥恢复迅速的原因是破产法的出台。Hayashi 和 Prescott（2008）认为，从制度原因来看，战前日本农业和非农部门间存在劳动力流动阻碍。因此，各种产品和劳动力市场法规都会导致企业间资源配置的扭曲。

2. 信贷市场扭曲

Banerjee 和 Moll（2010）构建含有信贷约束的资本积累模型，将金融资源错配的原因自然地归因于资产市场，资产市场运作的低效率使成功的企业难以获得所需资金，同时允许经营不善失败的企业继续生存。Hsieh 和 Klenow（2009）也同样关注资产市场，即印度和中国的大部分收益来自同一区域的企业间资本重新分配。David 等（2016）将不完全信息与资源错配、总生产率和总产出联系在一起，指出金融市场不完美导致资源错配。Ryzhenkov（2016）使用 2002～2010 年 47497 个独立机构的数据集研究资源错配对乌克兰制造业生产率的影响。实证结果表明乌克兰制造业存在重大的资源错配。如果所有市场扭曲都被消除，制造业生产率可能会增加三倍。Ha 等（2016）运用 2000～2009 年越南制造业企业数据衡量资源错配对总体制造业全要素生产率的影响，发现，在没有扭曲的情况下，越南的总体 TFP 将有实质性的改善，同时越南制造业在消除扭曲方面的潜在生产力增长很大。Banerjee 和 Munshi（2004）以及 Banerjee 和 Duflo（2005）指出金融市场的不完善导致不同生产者间的信贷资源错配（Greenwood et al.，2013）。Kiyotaki 和 Moore（1997）指出不同企业的融资约束差异会使资源从高生产率企业流向低生产率企业。盖庆恩等（2015）研究了要素市场扭曲对全要素生产率的影响，强调要素市场扭曲不仅通过影响在位企业的资源配置效率直接降低全要素生产率，而且会通过垄断势力改变企业的进入退出行为间接降低全要素生产率。

无论是政策扭曲还是要素市场扭曲，一些研究只关注扭曲的程度以及经济增长的影响，另一些研究试图探究扭曲背后的经济推动因素。Pratap 和 Urrutia（2012）采用微观层面的数据探究资源错配和 TFP 变动中金融摩擦和信贷的角色。这与 Buera 和 Moll（2015）的研究一致，该文发现信贷冲击和金融摩擦可以被纳入 TFP 测量和其他的总扭曲中。Ziebarth（2013）通过拓展金融摩擦模型，将错配与营运资本的利率分散度联系起来，通过实证研究分析了由于边际资本成本的提高而导致的资源错配程度的加深。若发现银行不愿意增加额外的杠杆来支持效率高的企业，那么就会出现信贷错配等要素错配，进而降低了企业投资效率和总的生产力。Gilchrist 等（2013）指出金融摩擦扭曲了资源配置，受到金融摩擦影响的企业会面临更高的借贷成本。若企业退出是内生的，那么微观摩擦会引发外延边际的错配：非效率的企业会继续存活（僵尸企业），有效率的企业会被迫退出（影子企业）。Bleck 和 Liu（2018）通过建立一般均衡模型来分析在信贷扩张背景下，具有不同程度金融摩擦的两个部门之间的相互作用。研究发现，过度的流动性注入会导致低摩擦行业过热，从而对高摩擦行业产生挤出效应。文章强调了金融摩擦对经济体资源配置和流动性分配的影响，表明了信贷扩张背景下的金融资源错配。

Midrigan 和 Xu（2014）将金融摩擦模型参数化，发现金融摩擦不会内生地在资本边际产品中产生较大分散。若企业在借贷的时候面临不同的利率水平，那么金融在扭曲资源配置方面仍具有较大作用。若一些企业可以获得廉价信贷（大型企业集团或国有商业银行的补贴），而另一些企业不能，那么资源错配造成的 TFP 损失会相当大，正如 Restuccia 和 Rogerson（2008）以及 Hsieh 和 Klenow（2009）认为的一样。金融摩擦导致的资源错配不会产生大量损失，因为效率相对高的生产商随时间推移可以积累内部资金，并迅速摆脱融资约束限制。相反的是，企业进入及技术采用决策需要大量的长期投资，难以通过内部资金进行融资。因此，发达的金融市场对于提高企业进入和技术采用水平以进一步提高总生产率至关重要。与 Midrigan 和 Xu（2014）的研究类似，另有一些研究定量分析了金融摩擦对经济发展水平的影响，并探究一国金融发展水平的改善对 TFP 的作用。Jeong 和 Townsend（2007）将 20 世纪 70~90 年代，泰国 70% 的 TFP 增长归因于金融部门的改善。Amaral 和 Quintin（2010）、Buera 等（2011）、Moll（2014）、Greenwood 等（2013）也针对金融对资源错配的影响进行了定量评估。这些研究报告得出的 TFP 损失是惊人的，若穷国外部融资的水平达到像美国这样的发达国家，那么 TFP 将会增加一倍。

3. 其他因素

金融部门在经济发展中起到至关重要的作用，金融机制将推动受抑制的经济摆脱停滞状态，进一步加速经济增长。然而，实体经济中的一些自然或社会因素使金融部门自身受到压制或扭曲，金融资源未按照市场导向原则进行配置，严重阻碍了经济的发展。金融资源错配的影响因素除上文提到的政策扭曲以及信贷市场缺陷外，还存在如贸易壁垒、市场分割等其他因素。

在国际贸易中，贸易壁垒是产生资源错配的直接因素。Melitz（2003）指出国际贸易造成的资源错配既包含了"冰山"贸易成本在内的真实因素，也包含了关税等贸易壁垒在内的制度因素。对外贸易方面人为制造的贸易壁垒引致的贸易摩擦加剧了资源错配的程度（Epifani 和 Gancia，2011；Restuccia 和 Rogerson，2013；Bond et al，2013）。此外，在对中国出口贸易的研究中，宋结焱和施炳展（2014）指出，与新贸易理论分析的出口贸易导致高效率企业扩大市场规模，低效率企业退出市场，从而降低行业内资源错配程度不同。中国出口贸易反而加剧了资源错配程度，在高强度出口行业以及东部地区表现尤为显著，主要原因在于中国出口动力的"非市场化"，即中国出口是由要素市场价格扭曲、政府政策干预等非市场因素推动的，其最终结果是进一步导致了更深程度的要素扭曲和资源错配。王雅琦等（2015）研究认为，出口退税率会抑制出口企业的生产率提升并导致行业内的资源错配，出口退税率的降低会促进出口企业提升生产率及改善行业的资源配置效率，同时使行业生产率提升。在市场竞争越充分、市场集中度越低的行业这一提升效应越明显。

另一些研究认为市场分割、基础设施建设状况也是引致地区资源错配的重要因素。刘培林（2005）认为，地方保护和市场分割导致产出结构扭曲，要素配置结构扭曲。文章基于省份制造业部门数据分析发现，若消除各省区市产出配置结构扭曲，以及生产要素在省区市之间配置结构扭曲，可使中国当年制造业产出增长大约5%。周海波等（2017）研究结果得出，交通基础设施发展不均衡是资源区域错配的重要根源之一。通过提高地区交通基础设施水平可以促进产业结构调整，消除市场分割，并提高分工精度来减轻或消除要素资源错配。同时，交通基础设施对于资源配置效率的影响系数，从大到小分别为东部、西部、中部。Asturias 等（2016）使用 2000 年年初印度"黄金四角"高速公路基础设施项目案例来考察发展中国家质量较差的基础设施与资源错配的关系问题。一方面，量化了"黄金四角"项目的总收益以及各州收益。另一方面，将这些收益进行分解，以确定哪些部分可以由配置效率的变化来解释。研究结果表明，配置效率改善所获得的收益可以改变新交通基础设施产生的总收益和收益分配。

（四）金融资源错配对全要素生产率的影响

经济增长程度缓慢不仅因为缺乏资源（资金、劳动力、企业家精神或想法），同时也是资源错配或资源滥用的后果。Banerjee 和 Duflo（2005）、Jeong 和 Townsend（2007）、Restuccia 和 Rogerson（2008）、Hsieh 和 Klenow（2009）、Bartelsman 等（2013）、Alfaro 和 Chari（2014）以及 Buera 等（2011）都一致认为穷国资源错配的程度足以解释富国与穷国间总生产率的差异，大量文献也探究了资源错配导致收入差异的各种机制（Easterly，1993；Caselli 和 Gennaioli，2012；Lagos，2006；Buera 和 Shin，2013；Guner et al.，2008；Porta 和 Shleifer，2008；Epifani 和 Gancia，2011；Peters，2013；Vollrath，2009；Midrigan 和 Xu，2010；Moll，2014；Syverson，2011）。资源错配会给经济的长期增长带来严重后果。Gollin 等（2004）、Restuccia 等（2008）、Vollrath（2009）等研究部门间金融资源错配，而 Hsieh 和 Klenow（2009）、Banerjee 和 Duflo（2005）、Guner 等（2008）、Restuccia 和 Rogerson（2008）、Bartelsman 等（2013）等关注部门内部企业间金融资源错配。金融资源错配通过对全要素生产率产生影响，进而将这一机制传导至国民收入差异甚至是经济增长。

Hsieh 和 Klenow（2009）运用制造业企业微观数据量化中国和印度相比于美国的潜在资源错配程度。中国和印度与美国相比，在劳动边际产品和资本边际产品方面存在巨大差距，当假设资本和劳动力被重新分配以使边际产品达到美国的程度时，中国制造业 TFP 将提高 30% ~ 50%，印度将提高 40% ~ 60%。Brandt 等（2013）估测了 1985 ~ 2007 年中国非农经济中由于资本、劳动力错配引发的全要素生产率损失。同时，将总体损失分解为各省份（国有与非国有部门）之间的要素市场扭曲及部门之间的扭曲。研究发现，金融资源错配使非农业生产总值平均下降了20%，损失的不断增加可归因于国有及非国有部门之间的信贷错配。后者研究结果与前者存在差异，一方面，生产率损失的20%，低于前者的30%～50%；另一方面，前者认为1997年后制造业部门扭曲的影响在下降，而后者却认为非农部门整体扭曲的影响在增加。出现这种差异的原因可能在于，前者研究的是个体生产者的微观扭曲，而后者研究的是部门间以及区域间扭曲。Song 等（2009）与 Brandt 等（2013）的研究相似，同样研究国有和非国有部门间资本回报率的差异。他们认为全要素生产率（TFP）的低下是微观层面金融资源错配的后果，特别是在发展中国家。虽然使用先进技术的高效率企业会存活，但由于金融摩擦和其他不完善之处，这些企业未能吸引效率所要求的生产资源。相反，当一国面临低效率，且倾向于将金融资源进行重新分配的话，那么它有可能会在长期转型期快速增长，因为低生产率的企业可以将其拥有的要素资源供应给高效率企业，实现资源转移。Chuah（2018）使用马来西亚制造业普查数据衡量该国的生产率增长，发现从低生产率公司到高生产率公司的资源重新分配可以产生大的总生产率增益，国内生产总值增长可能在五年内每年增加0.4～1.3个百分点，该研究仅考虑了部门内部企业间的资源错配，而跨部门可能会存在更大的资源错配。Kim 等（2017）通过研究行业内以及行业间资源流动，发现资源错配来自行业内部配置的无效率，资源错配所造成的 TFP 潜在损失大约为每年0.6%。

此外，Restuccia 和 Rogerson（2008）认为，资源配置与全要素生产率间关系对解释跨国间人均收入差异也很重要。即不仅是要素积累总水平对跨国间人均收入差异有重要影响，同时这些要素在异质性生产单位中如何分配也同样重要。所以说，不单单是要关注总相对价格，同时也要注意不同的生产者所面临的相对价格。Midrigan 和 Xu（2014）构建模型预测，在不存在外部融资的经济中，金融资源错配会导致 TFP 损失5%～7%。Baily 等（1992）指出20世纪80年代美国制造业生产率增长的一半左右都归因于要素资源从低生产率向高生产率企业转移的重新分配。因此，个体间的资本和劳动力配置是总生产率的重要决定因素。Jones（2011）对美国和其他34个经济体的投入—产出结构进行总结回顾，指出经济体的物质资本、劳动力、人力资本以及知识存量（其在企业内、企业间及行业间配置）决定了经济的整体生产水平，企业间金融资源错配会导致低水平的产出，同时，由于一些企业的产出可以作为另一些企业的投入，因此，资源错配可以通过经济中的投入—产出结构而被放大，优化资源配置会最大化社会福利并在长时间精确产出。Aoki（2012）运用模型框架测量资源错配对发达国家间总生产率差异的影响程度，研究发现摩擦是以部门要素投入的税收形式存在，资源错配平均能够解释发达国家间总生产率差异的 17%。Banerjee 和 Duflo（2005）认为在印度，企业间的资本边际产品存在差异，进而减少了总产出。Restuccia 等（2008）和 Vollrath（2009）运用两部门模型来衡量农业和非农部门间资源配置的阻碍程度。Prescott（2002）指出高度发达的国家间人均资本收入大约存在 30%~40% 的差异，差异的最重要因素就是 TFP 水平的差距，资本错配主要来自交通运输业以及金融业，而劳动力错配来自农业和金融业。此外，还发现由于结构转型，不同国家间的行业份额差异进一步扩大了资源错配的影响。

在研究金融资源错配与全要素生产率之间的关系中，还有一些文献着重探讨了金融摩擦这一因素引致的金融资源错配对全要素生产率的影响。Midrigan 和 Xu（2014）评估金融摩擦在降低总生产率、消费以及产出中的作用，构建动态模型探究金融摩擦通过两个渠道扭曲总生产率。第一，金融摩擦扭曲企业进入及技术采用决策，进而降低生产率。第二，金融摩擦在现存企业间产生资源错配。研究结果认为，现代部门间的资本错配导致的 TFP 损失较小，只有 5%~10%，仅占据融资约束效率损失的一小部分，但与企业进入现代部门决策以及技术采用决策相连的扭曲会导致损失进一步增加。Moll（2014）认为，金融摩擦对总产出和储蓄没有直接影响，只是通过总生产率间接影响。文章发现金融摩擦导致的资本错配可以解释总生产率损失的 25%。Erosa 和 Cabrillana（2008）运用理论分析，表明金融摩擦对具有不同固定成本需求的制造业行业生产率产生差异影响。Buera 等（2011）指出，可贸易和非贸易部门的一个重要差异是企业平均规模。可贸易部门中的企业规模较大，因此需要更多的融资，并受到金融摩擦的影响。金融摩擦通过扭曲异质性企业间资本配置及进入和退出决策来影响人均收入、总 TFP 水平以及部门间 TFP 差异。在非交易部门金融摩擦使 TFP 降低了 30%，而在贸易部门 TFP 的降低程度高于 50%。

（五）金融资源错配的风险效应

企业风险及其影响因素一直都是公司财务研究领域的重要话题。企业风险指的是与预期收益和现金流相关的不确定性（Wright et al.，1996）。企业风险对企业未来成长、表现和生存都有重要影响（Bromiley，1991），在先前诸多文献中企业风险也被认为是存在较严重的代理问题（Low，2009）。企业风险的来源可分为由管理者特性、企业自身经营特点以及企业生命周期等内部因素和受宏观环境影响的外部因素（张志强，2010）。管理者的个人行为可以部分地解释他们所经营企业的财务行为（Cronqvist et al.，2012）。Faccio 等（2016）通过运用大量的欧洲企业数据分析了 CEO 性别、企业风险以及资本配置效率间的关系。研究结果首次发现女性 CEO 所经营的企业大多风险较小。从横向比较来看，相比于男性 CEO，女性 CEO 经营的企业杠杆率更低、盈利波动性较小并且能够长期持续经营。另外，从时间序列比较来看，由男性 CEO 向女性 CEO 的转变与企业破产风险的降低密切相关，并且在经济和统计上显著正相关。Benmelech 和 Frydman（2015）分析了 CEO 服兵役与管理决策、企业融资决策和业绩之间的关系。研究发现，有过服兵役经历的 CEO 追求较低的企业投资，并且不太可能参与企业欺诈活动，在行业低迷期间这些企业表现更好。Ferris 等（2017）认为 CEO 社会资本与企业风险呈正相关。CEO 社会关系会导致公司政策行为，而这些行为使企业的总体收益和股票收益波动性加大。Paligorova（2010）运用跨国样本数据发现，企业风险与大股东持股间存在正相关关系。对于股东权利的法律保护会增加企业风险，而保护债权人的权利则会减少企业风险。此外，Habib 和 Hasan（2015）从企业生命周期角度分析了处在不同生命周期的企业的风险承担和表现。研究发现，在企业初创和衰退阶段企业风险上升，但在成长和成熟阶段风险下降；处在初创期和衰退期的企业风险会对未来业绩产生负面影响，而成长和成熟期的企业风险会对未来业绩产生正面影响，同时也发现管理者的风险承担倾向会在投资者情绪高涨阶段增加。从外部角度来看，所有企业都将受到宏观经济环境的影响，企业风险因经济状况的不同而存在差异（Arif 和 Lee，2014）。例如，在某一时期，高增长预期使企业较易获得资金，而这一过程便伴随着过度风险的发生（McLean 和 Zhao，2014）。

在有关破产风险的研究中，Verwijmeren 和 Derwall（2010）发现，在员工福利方面具有领先记录的公司通过较低的杠杆率运营，大大降低了破产的可能性。Berk 等（2007）认为员工承担的成本可能是破产最重要的间接成本，因此那些注重员工福利的公司其破产的可能性会大大降低。由于破产是发生在公司无法偿还债务之时，因此降低金融资源错配过程中并不需要通过金融资源的企业杠杆率来作为缓解财务困境的有效方法。Remisha（2013）指出杠杆收购的问题与企业发生破产的可能性密切相关，文章试图运用 Cox 比例风险模型来判断杠杆收购公司是否存在破产风险，实证研究结果表明，在杠杆收购之前，受制于杠杆收购的公司表现不及同行，这表明他们已经有很高的破产风险，而在杠杆收购后，破产风险降低，这也证实了 Jensen 的破产自由化理论。Castanias（1983）从企业破产角度分析，发现资本结构不相关理论假设的实证检验存在缺陷。文章提出一种替代性假设，即由于破产成本和利息支付的税收减免，企业将同时选择债务和股权来实现价值最大化。文章检验了 36 条业务线中企业破产率与杠杆率之间的关系，发现其结果与不相关假设不一致。Bhamra 等（2011）指出货币政策通过金融资源错配影响通货膨胀和通货膨胀预期，进而作用于企业破产行为。Abaidoo 和 Kwenin（2013）试图研究宏观经济环境与企业盈利之间的关系。他们认为预期通货膨胀与企业表现和盈利呈正相关。Chivakul 和 Lam（2016）认为，在金融资源错配的情况下，制造业的民营企业很容易受到加息的影响，随着利率的上升，中央国有企业的风险债务增幅变大。

（六）金融资源错配的测度

在本领域的研究中，大致有两种方法测度资源错配，一种是直接测度，另一种是间接测度（Restuccia 和 Rogerson，2013）。张钟文等（2016）认为，"直接测度"探究影响资源错配的直接来源，找到这一直接来源并进一步考察其造成的资源错配程度及其对全要素生产率和产出效率的影响。而"间接测度"并不先验假定某一因素所造成的金融资源错配程度，而是关注所有潜在因素对金融资源错配的净影响，将所有可能的扭曲都用加在价格上的"税收楔子"来表达，将带有"税收楔子"的配置产出与不带有"税收楔子"的均衡配置产出的偏离作为"错配"程度的衡量。

1. 直接测度

直接测度的本质是选取一个（多个）被认为是资源错配重要来源的因素，试图获得这些因素的直接测量，进而使用异质性生产函数来定量评估这些因素产生的错配程度以及对总 TFP 的影响。

许多因素都适用于此类分析。Hopenhayn（1993）是一个早期的例子。该研究基于劳动力资源重新分配构建一般均衡模型，指出企业层面的解雇税对总体就业产生较大的负面影响，相当于 1 年工资的税收使就业减少了大约 2.5%，这种福利损失一方面扭曲了劳动力市场的资源重新分配，同时导致平均生产率下降超过 2%。Lagos（2006）基于总生产函数的基础理论，根据 Houthakker（1955～1966）的精神构建了全要素生产率的聚合模型，探究就业、雇佣补贴、解雇税以及失业救济金等政策冲击对全要素生产率的影响。Guner 等（2008）研究了"规模依赖政策"是如何导致 Lucas（1978）跨度控制模型中阐述的资源错配。这些政策导致模型中平均企业规模减少近 20%，导致产出减少 8% 以上。

对于贸易壁垒的分析也适用于直接方法。Epifani 和 Gancia（2011）认为，贸易壁垒会影响竞争程度及利润率，由贸易壁垒引起的利润率差异也可作为资源错配的衡量指标。金融监管、重税收以及一系列成本费用被认为是引起发展中国家非正规企业普遍存在的原因。在资源错配的背景下，研究非正规企业不仅仅是因为它是贫穷国家商业运作的一种普遍形式，同时也是因为其常常与小规模、低生产率相联。Chen 等（2017）测度了中国光伏出口商在 2011 年欧盟征收反倾销税和反补贴税之前和之后的资源错配，发现 2011 年后全要素生产率的提高可归因于国有企业生产效率的提高以及国有企业和非国有企业之间劳动力、资本投入的收益回报。此外，Eaton 等（2004）、Melitz（2003）也强调贸易政策对总生产率的影响。

在研究金融资源错配方面，最多的渠道可能是信贷市场不完善。信贷市场不完善会导致选择效应以及错配效应。具体而言，信贷约束会妨碍一些生产率高的企业经营。除了对企业家质量的选择效应外，信贷约束可能会限制企业的资本可获得性，从而导致企业间资本错配。Meza 等（2019）研究了信贷市场条件对投入配置的影响以及它们对总体 TFP 增长的作用。文章发现行业间配置效率的变化占总 TFP 变化的 41%，资本约束和借贷限制使得投入使用率降低。Skott 和 Gómez-Ramírez（2018）阐述了一种低效的金融体系可以降低生产率增长的机制，指出普遍存在的信贷约束是发展中经济体增长缓慢的主要原因。Banerjee 和 Duflo（2005）指出，由于信贷约束和制度失灵导致的资本错配，是各国生产率差异的重要来源。Udry（2012）回顾了信贷约束对于理解富国和穷国之间巨大生产率差距的重要性的微观经济证据。他认为，信贷约束对发展中国家的制造业生产率起到一定的作用，但不认为信贷约束在解释贫穷国家农业生产率低下具有重要作用。

总的来说，众多文献旨在研究特定政策、制度因素以及市场缺陷在多大程度上通过资源错配而对 TFP 产生影响。虽然许多研究表明 TFP 损失可能来源于个体因素，但少数研究发现信贷市场不完善的影响相对较大。

此外，在直接测度方面，邵挺（2010）指出，一个企业的要素（劳动力、资本）回报率高低可以用来衡量产品市场、劳动力市场和资本市场上的资源错配程度。因此，金融资源错配程度用金融错配负担水平来衡量，具体而言，是用每个企业的资金使用成本对所在行业的平均资金使用成本的偏离度来衡量。若企业的资金成本在行业中处于较高的位置，那么可以判定企业在金融要素借贷市场上受到了不公平待遇，企业只能通过较高的利率从金融机构获得贷款或从非正规途径获得运营所需资金。基于邵挺（2010）的研究，刘任重等（2016）、戴静和张建华（2013）、冀相豹和王大莉（2017）、王满和徐晨阳（2016）、刘任重等（2016）、顾江和车树林（2017）都用企业的资金使用成本与所在行业（所在地区）的平均资金使用成本偏离度或是行业资金使用成本与全工业部门资金成本的偏差来衡量金融资源错配程度。

鲁晓东（2008）提出用两种方式来衡量金融资源错配，由于中国的银行体系中，储蓄存款资金主要集中在国有银行，贷款资金主要流向国有企业，因此文章首先采用四大国有商业银行占银行总信贷的比重来衡量金融资源错配；其次，运用国有商业银行的存贷款比来衡量金融资源错配，这类衡量方式反映了中国银行体系的另一类政策性扭曲，即中央银行的干预，中央银行对国有地方分行的资金支持。李程和梁朝晖（2016）也借鉴了鲁晓东（2008）的研究，刘瑞明（2011）同样用国有经济在银行部门贷款比重来表示金融错配。

2. 间接测度

上文描述的直接测度的一个显著特征是它试图评估特定潜在因素通过资源错配对 TFP 产生影响。但直接测度也存在局限，在某些特殊情况下，一些有可能导致金融资源错配的因素都是无法定量衡量的。例如，一些公司谈判所需要的特殊安排或赋予他们的优惠待遇。在一些国家具有政治关系的公司可以通过多种渠道获得优惠待遇，如低息贷款、特殊税收减免、补贴，政府优惠合同以及减少竞争等措施。甚至还有一些与腐败或"裙带资本主义"相关的因素。

间接测度并不先验假定某一因素所造成的资源错配程度，而是关注所有潜在因素对资源错配的净影响，不考虑具体因素。这与最优化问题中构造一阶条件原理相似。Restuccia 和 Rogerson（2008）以 Hopenhayn（1992）模型为基础，认为企业产出会面临特定比例税率，税率有正负面之分。高税率不利于鼓励经济活动，导致低资本积累、低劳动力供给进而造成低产出。当税率的变化进一步扭曲企业间产出配置的时候，它会降低总 TFP 水平。

Hsieh 和 Klenow（2009）同样探究了资源错配对生产率分布的影响。具体而言，他们研究发现制造工厂的生命周期演变在各国存在差异，如在墨西哥和印度，就业增长率低于美国。这与各种政策对大型工厂造成更大扭曲的观点相一致，因此减少了年轻企业在整个生命周期中实现生产率增长的无形投资。由于生产率增长受挫，就业增长也受到影响。前文 Restuccia 和 Rogerson（2008）提出了单一扭曲，Hsieh 和 Klenow 提出了两种扭曲，一种是对产出，另一种是对资本劳动比率。他们主要观点是评估边际生产率收益在各企业间的不等程度，运用生产率收益的离散程度来衡量资源配置效率。一方面，由于 Hsieh 和 Klenow 研究中的测量局限于制造业部门，因此他们的估计是错配总量的下限。另一方面，由于他们只研究了生产率为正的企业，因此没有反映企业进入和退出的选择效应。

国内一些学者在对金融资源错配的测度方面也借鉴了 Hsieh 和 Klenow

（2009）的研究。例如，周海波等（2017）、罗知和张川川（2015）、邹静娴和申广军（2015）、余静文（2016）、邢志平和靳来群（2016）、邵宜航等（2013）、李欣泽等（2017）、王文等（2014）、王雅琦等（2015）、宋结焱和施炳展（2014）、靳来群（2015）都利用实际全要素生产率，即资源错配下的生产率与有效配置下的生产率偏离来衡量金融资源错配程度。孟辉和白雪洁（2017）基于Hsieh 和 Klenow（2009）模型，突破原有采用 TFPR（MRPL，MRPK）方差来衡量资本与产出扭曲程度的方法，通过构建单一产业下基于一般均衡求解的资源错配模型，计算资源配置效率（生产效率）以此衡量资源配置扭曲程度。李思龙（2018）、刘朝等（2018）、刘盛宇和尹恒（2018）根据利润表达式，求出资本错配率，用资本边际报酬的离散程度来衡量资本错配程度。张庆君等（2016）从区域宏观经济的角度研究金融错配，用资本效率偏离度来表征资本回报率差异。

Bartelsman 等（2013）运用了完全不同的方式测量资源错配程度。有效配置中，规模和 TFP 水平呈正相关，即更高效的企业可以获得更多的投入。因此，测度资源错配程度的另外一种方式是评估企业层面 TFP 与规模间的相关程度。其中，企业层面 TFP 需要用企业级价格指数来计算。此外，由于给定了企业级 TFP 指标，Bartelsman 等（2013）还考虑了选择效应，评估运营企业的 TFP 分布在不同经济体中的差异程度。他们发现了特定扭曲对总 TFP 的影响，预测出通过改善企业间资源分配，某些国家的产出可以提高 15%。

还有一些研究站在要素流动角度，引入要素流动系数来测度资源错配。Aoki（2012）构造以税率表征资源流动障碍引致两国要素生产率差异的理论框架。姚毓春等（2014）借鉴 Aoki 基于税态摩擦因子测度资源错配的框架，引入要素流动系数表征要素错配水平，分别测算劳动力和资本错配程度的动态变化对全要素生产率和产出效率的影响。靳来群（2015）、王林辉和袁礼（2014）借助 TFP 组成成分分解考察要素错配，用参数刻画价格扭曲或其他影响要素自由流动的因素，建立要素错配和 TFP 的关系，运用二者关系模型测算相应的技术效率损失。陈永伟和胡伟民（2011）、谢呈阳等（2014）、白俊红和刘宇英（2018）运用要素价格绝对扭曲系数以及相对扭曲系数来衡量错配程度。

（七）文献评述

通过梳理金融资源错配的相关文献发现，国内外众多学者对金融资源错配的产生和内涵、金融资源错配的表现形式、金融资源错配的影响因素、金融资源错配对全要素生产率的影响、金融资源错配的风险效应以及金融资源错配的测度等方面展开了研究，这为经济增长动力源泉的进一步探讨提供了可能。但有关于金融资源错配的具体形成机理、金融资源错配对微观企业的影响以及金融资源错配是否存在动态效应等方面的研究却相对较少，具体来看，主要存在两方面的问题：

第一，在已有的探究金融资源错配的形成机理文献中，大多基于企业投入选择的摩擦、资本市场不完美、交易合同不完善以及资本调整成本等一般性市场因素来研究金融资源错配的根源，较少结合我国目前的现实情况分析金融资源错配形成的外在因素和制度因素。

第二，先前研究大多从宏观角度探讨金融资源错配对经济增长的影响，即通过全要素生产率途径、产业结构和经济投入—产出关系途径以及资本市场运作的"黑匣子"这三种途径来探究。而从微观角度探究金融资源错配对企业层面的影响，包括企业投资效率、经营效率以及企业风险等方面文献较为缺乏。同时，在已有的较少关于金融资源错配对企业投资效率的影响文献中，也只探究了二者之间的直接关系，并未探究二者的间接关系。

基于以上问题，本书试图做如下改进：首先，进一步深入研究金融资源错配的形成机理。不仅从信息不对称、要素市场扭曲以及金融摩擦等一般性市场因素探究金融资源错配的内在形成机理。同时基于我国具体的现实情况，从所有制差异、政府对国企的倾向性公共政策、分税制改革带来的市场分割以及地方政府干预、预算软约束等因素探究我国金融资源错配的外在形成机理。其次，运用上市公司的数据，不仅探究了金融资源错配对全要素生产率的减损效应，还从微观角度探究金融资源错配对企业投资效率的减损效应和企业风险效应，以丰富金融资源错配的效应研究。

第三章　我国金融资源错配的现状及指标测度

资源错配对解释跨国间人均收入差异具有重要意义。我国金融资源错配问题的普遍存在，不仅降低了金融机构和金融市场配置资源的效率，同时也增加了经济体中不同企业的风险承担。在我国经济转型升级、供给侧结构性改革的进程中，探究并总结我国金融资源错配的具体表现形式，有利于后文有针对性地提出不同的解决方案。本章分别基于所有权性质、企业规模性质、行业性质和区域性质来分析我国金融资源错配的现状，并进一步对金融资源错配指标进行测度和选取，为后文研究我国金融资源错配的效率减损效应和风险效应奠定基础。

一、我国金融资源错配的现状

随着中国金融市场化程度的提高，我国社会融资规模相对于经济发展水平的比重近年来有了很大提升。如表 3.1 所示，社会融资规模与国内生产总值之比由 2002 年的 16.52% 提高到 2017 年的 27.08%，其中 2009 年接近 40%，表明 2008 年全球金融危机之后我国金融资源不断开发，金融要素活跃。但从整体趋势来看，社会融资比重占国内生产总值的比重并不稳定，在经历了 2009 年的高点之后，在 2010 年、2011 年分别大幅度回调至 33.94% 和 26.22%。这既表明货币体

单位：亿元，%

表 3.1 社会融资规模及其结构

指标名称 年份	社会融资规模	新增人民币贷款	新增人民币贷款占比	新增外币贷款	新增委托贷款	新增信托贷款	新增未贴现银行承兑汇票	非金融企业境内股票融资	企业债券融资	国内生产总值	社会融资规模/国内生产总值	直接融资占比
2002	20112	18475	91.90	731	175		-695	628	367	121717.4	16.52	4.95
2003	34113	27652	81.10	2285	601		2010	559	499	137422	24.82	3.10
2004	28629	22673	79.20	1381	3118		-290	673	467	161840.2	17.69	3.98
2005	30008	23544	78.50	1415	1961		24	339	2010	187318.9	16.02	7.83
2006	42696	31523	73.80	1459	2695	825	1500	1536	2310	219438.5	19.46	9.01
2007	59663	36323	60.90	3860	3371	1702	6701	4333	2284	270232.3	22.08	11.09
2008	69802	49041	70.30	1947	4262	3144	1064	3324	5523	319515.5	21.85	12.67
2009	139104	95942	69.00	9265	6780	4364	4606	3350	12367	349081.4	39.85	11.30
2010	140191	79451	56.70	4855	8748	3865	23346	5786	11063	413030.3	33.94	12.02
2011	128286	74715	58.20	5712	12962	2034	10271	4377	13658	489300.6	26.22	14.06
2012	157630	82038	52.10	9163	12838	12845	10499	2508	22551	540367.4	29.17	15.90
2013	173169	88916	51.35	5848	25466	18404	7756	2219	18111	595244.4	29.09	11.74
2014	164571	97816	59.44	3554	2507	5174	-1285	4350	24253	643974	25.56	17.38
2015	154086	112693	73.14	-6427	15911	434	-10569	7604	29399	689052.1	22.36	24.01
2016	178022	124372	69.86	-5640	21854	8593	-19531	12416	29993	743585.5	23.94	23.82
2017	223969	138432	61.81	1800	7770	22555	5364	8734	4495	827121.7	27.08	5.91

资料来源：中国人民银行、国家统计局。

系存在一定的问题，同时也反映了经济系统运行和金融资源系统运行之间并未达到彼此协同的状态。此外，从人民币贷款占比可知，我国以贷款为主体的融资格局仍然没有改变，以企业债券融资和非金融企业境内股票融资所构成的直接融资比重虽然在缓慢上升，但比重仍然较低，说明企业经济活动资本化问题仍然未得到很好的解决。多层次金融市场体系仍然未完全到位，金融市场仍以信贷市场为主体，直接融资规模偏小，而且资本市场运行机制不够健全。

在以银行贷款为企业主要融资渠道的背景下，我国金融资源配置受到金融摩擦和政策扭曲等因素的影响，金融资源的结构性问题突出，金融资源投向错配现象层出不穷。通过分析沪深 A 股上市公司各 ROA 五分位企业资产负债率均值变化趋势可知（见图 3.1），资产收益率 ROA 越低的企业，其资产负债率却处在较高位置，ROA 在 20%分位数以下的企业，资产负债率远高于 ROA 在 80%分位数以上的企业。这说明能够获得金融资源的微观企业更多地集中于效益较差的"坏企业"而不是高效益的"好企业"。具体而言，我国金融资源存在基于所有权性质、企业规模性质、行业性质以及区域性质不同程度的错配。

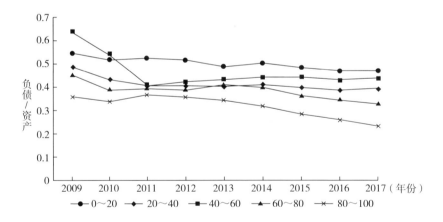

图 3.1　各 ROA 五分位企业资产负债率均值变化趋势

资料来源：Wind 数据库。

（一）金融资源所有制错配

在中国，一直是国有资本垄断银行业。中华人民共和国成立初期，为了建立统一的金融市场，促进国民经济恢复，确立了中国人民银行的国家法定银行地位。随着国家高度集中的计划经济管理体制的建立，"大一统"的银行体制应运而生。这个时期最突出的特点就是由行政命令所下达的信贷指标的约束。改革开放以来，随着《中华人民共和国商业银行法》的颁布，我国银行体制打破"大一统"格局，代之以多层次的银行体制，在不断向市场化迈进的同时，确立了我国分业经营的金融体制。在这一个发展阶段中，我国银行体制呈现三个特征：一是取消了计划经济下的贷款限制，实现银行资产负债表的统一管理；二是进一步强化公司治理法人制度；三是引入了贷款五级分类法。随着市场化进程的不断推进，2003年之后，境内外商业银行引进战略投资者、国有商业银行股份制改造以及商业银行境内外上市的出现，实现了我国国有银行40年改革脱胎换骨的转变。目前看来，包括股份制商业银行以及城商行、农商行等地方金融机构虽蓬勃发展，但我国的金融体系仍然属于国家主导型，国有商业银行面临的产权明晰问题、行政干预问题以及市场条件约束如何强化等问题，都促使了国有银行对国有企业的过度支持以及对民营企业有限支持这种格局，极大地限制了具有增长潜力的民营企业发展，阻碍了金融资源配置效率的提高。余明桂和潘红波（2008）指出即使国有企业相对于民营企业的产出效率更低，但在地方政府的政策倾向之下，国有企业仍然能够获得较多的银行贷款支持。Chivakul 和 Lam（2016）认为，自全球金融危机以来，中国民营企业的杠杆率已经缩减，但国有企业在分销尾端的杠杆率却明显增加。Bai 等（2006）通过运用中国公司数据量化中国的金融摩擦程度以及金融摩擦在多大程度上能够解释公司储蓄及资本错配。研究发现，相比于国有大企业，大多数民营企业的杠杆率更低，成长性更好。卢峰和姚洋（2004）认为我国的金融部门存在着较为严重的"漏损效应"，国有部门与私人部门在获得信贷支持方面存在一定的不平等性，私人部门大多依靠从国有部门的漏损来获取金融资源。在过去十多年中，民营企业获得银行贷款的比例不到20%，余下80%以上的银行贷款都流向了国有企业。中国的金融在很大程度上仍然是倾向于国有企业的政府主导型金融。但从效率角度来看，民营企业在资本回报率以及企业绩效等方面却要优于国有企业。通过对沪深 A 股上市公司数据分析可知（见表3.2），就平均总资产收益率和 Tobin Q 这两项绩效指标而言，民营企业呈现显著优势。因此，金融资源的所有制错配意味着金融资源的流向与资金使用率和资金利润率存在基于所有制上的背离。国有企业在融资可得性和融资成本上具有天然优势，但其资金使用效率却在下降，对经济增长的贡献不高。而反观民营企业，它们所获得的信贷支持较少，但民营企业对于经济增长率、税收以及提供就业等方面贡献较大。在金融资源所有制错配的背景下，一方面，对国有企业的融资软约束导致国有银行大量不良贷款的出现，加大了银行信贷资产的风险性；另一方面，非国有经济融资渠道的不顺畅也阻碍了整体经济的发展。

表 3.2　民营上市公司与国有上市公司绩效比较

年份	平均总资产收益率（%）		Tobin Q	
	国有上市公司	民营上市公司	国有上市公司	民营上市公司
2009	6.09	8.36	2.32	2.95
2010	7.63	10.31	2.40	6.29
2011	9.20	11.09	1.56	2.20
2012	5.84	10.05	1.41	2.06
2013	7.25	14.73	1.36	2.73
2014	5.01	9.46	1.76	3.5
2015	4.18	7.91	2.63	5.62
2016	5.19	7.73	2.11	3.67
2017	4.92	6.59	1.59	2.68

资料来源：根据 Wind 资讯整理所得。

此外，近年来为提供基础设施出现的另一现象是政府投融资平台公司。政府机构将市政项目交由政府投融资平台公司运作，划拨相应的土地、市政设施、国有资产，由其承贷资金或发债，进行更大规模的基础设施建设。由于支撑基础设施效益来源的是地方财政，这些效益往往难以体现为直接收益和现金流入，而注入的土地、资产的变现能力很弱，这样的运作会带来政府投融资平台公司的过度负债和风险积聚，这有可能引起金融机构的资产不良化，形成潜在金融风险。

（二）金融资源规模错配

中国的中小微企业发展与经济体制转轨相互促进，对地方经济社会加快发展的贡献度不断增加。中国小微企业总数达到 7328.1 万家，占企业总数的 99%，主要采取以控制成本、价格竞争、薄利多销为核心竞争力的经营模式发展，为国家提供了 60% 的 GDP、50% 的税收、70% 的企业发明专利以及 80% 的城镇就业。即使达到这样重要的程度，金融机构对中小企业的授信也一直处于低水平状态。中国人民银行统计报告显示，全国金融机构对小微企业贷款余额截至 2016 年年末为 20.84 万亿元，占比 32.76%，较之 2010 年年末的 7.55 万亿元，上升了1.76 倍，全国小微企业贷款增速虽大于同期的大型企业及中型企业贷款余额增速，但在总体贷款数量中仍然占较低位置，有将近 70% 以上依靠自筹资金或民间借贷。

表 3.3 我国金融机构贷款投向 　　　　　　单位：亿元

企业类型 / 年份	小微企业	大型企业	中型企业
2010	75500	131525.48	98657.37
2011	107600	138494.17	107524.41
2012	111728.68	139275.28	141825.95
2013	132100	154344.22	157600.15
2014	154600	188060.4	183018.46
2015	173900	185950.91	187474.8
2016	208400	220607	206957

资料来源：中国人民银行。

近年来，我国银行体系的改革力度不断加大，银行业务发展很快，国有商业银行股份制改造和区域性银行发展的壮大，使中小企业信贷融资格局明显变化，但小企业从银行机构融资难问题仍然无根本性改变。由表 3.4 可知，2015 年第一季度，银行业金融机构的小微企业贷款额为 21.41 万亿元，截至 2018 年第三季度，小微企业从银行业金融机构的贷款额上升至 33.04 万亿元。同时，小微企业从商业银行的贷款额自 15.93 万亿元增至 24.79 万亿元，从国有商业银行的贷款额自 5.58 万亿元增至 7.23 万亿元。可以看出，银行业金融机构对小微信贷的重视程度在提升。但进一步从图 3.2 中可看出，小微企业从国有商业银行贷款比重却在不断降低，从最初的 26.06% 降至 21.89%，这表明在我国国有商业银行的贷款总量中，小微企业所占比重仍然较小。

表 3.4　小微企业从银行业金融机构贷款情况　　　　　单位：亿元

时间 \ 贷款来源	小微企业从银行业金融机构贷款	小微企业从商业银行贷款	小微企业从国有商业银行贷款
2015 年第一季度	214132	159326	55803
2015 年第二季度	220493	164337	57059
2015 年第三季度	225427	167896	57926
2015 年第四季度	234598	176720	60195
2016 年第一季度	242962	183607	62199
2016 年第二季度	249509	188682	63668
2016 年第三季度	256399	194807	65040
2016 年第四季度	267009	202766	66483
2017 年第一季度	278005	211727	68997
2017 年第二季度	286159	217403	70193
2017 年第三季度	296550	225415	72610
2017 年第四季度	307437	233427	74225
2018 年第一季度	317645	239671	74590
2018 年第二季度	323522	242873	73134
2018 年第三季度	330445	247899	72339

资料来源：原中国银监会。

相对于中小型企业而言，在大型企业效率低下且大而不倒的僵尸企业不断出现的背景下，商业银行的长期贷款对象仍然是具有政府背景的大企业和大项目。对中小企业，通常都是一年以内的流动资金贷款，基本上不会提供长期贷款或固定资产投资贷款。我国货币政策执行模式加大了金融市场不完美。由于贷款规模管制，银行表内贷款稀缺，而大型企业又因其企业规模等优势拥有大量的抵押

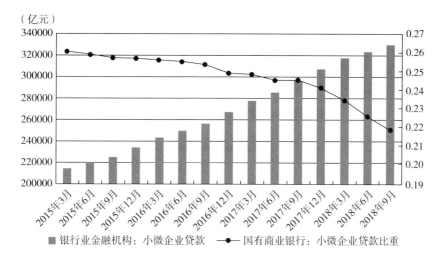

图 3.2　小微企业贷款额及其比重

资料来源：原中国银监会。

品，更容易获得银行贷款，因此，大企业对小企业存在规模上的"挤出效应"（邢志平和靳来群，2016）。基于企业规模性质的金融资源结构性错配日益严重。中国目前的金融环境虽然较为宽松，但是一些中小企业以较低的适当的利率进行融资仍然比较困难。尤其遇到金融紧缩以及经济不景气时，中小企业的生存环境更加恶劣。为了渡过艰难时期，中小型企业必须以高于市场平均利率的成本向金融机构借款，而经济下行直接导致中小企业破产率提高，违约率也随之上升。金融机构出于安全性的考虑，会进一步提高利率，这就导致中小企业生存更为艰难，如此恶性循环，加速了中小型企业的破产。

（三）金融资源行业错配

由于我国金融市场尚不发达，股票市场功能的扭曲使商业银行长期贷款的选择依赖于抵押政策。在房地产业、采矿业以及建筑业等行业，虽饱和度较高，但其抵押品优势使其仍然能够从商业银行获得贷款，资产冗余容易产生过度投资和产能过剩；而在一些发展潜力较大的行业，如高技术行业、现代农业以及轻资产行业，因其处于初创期，或因抵押品不如传统行业具有优势，他们往往得不到股权融资机会和银行信贷支持。资金匮乏导致这些行业受到阻碍，发展缓慢。国有企业所在行业多为资本密集型、人力资本密集型和能源行业，行业进入门槛高，行业内竞争不够，效率损失较大，国有企业密集度高的行业资本错配严重。此外，产业关联效应度高或资本密集度高的行业资本错配也较严重（张庆君等，2016）。2016 年以来，企业债的违约率明显上升，通过对全国各行业上市公司的资产负债率和总资产报酬率分析可知（见表 3.5），获得越多债务融资的行业，其资产回报率却居于所有行业中的末端。房地产业的资产负债率达到了 66.7%，但其资产回报率却仅有 0.7%。相反，信息传输、软件和信息技术服务业资产负债率最低，但其回报率却达到 10.2%。

表 3.5 不同行业资产负债率与总资产报酬率对比

行业代码	行业名称	资产负债率	总资产报酬率
K	房地产业	0.667	0.007
C	制造业	0.429	0.088
N	水利、环境和公共设施管理业	0.532	0.366
S	综合	0.963	0.047
E	建筑业	0.632	0.063
G	交通运输、仓储和邮政业	0.465	0.075
F	批发和零售业	0.558	0.065
D	电力、热力、燃气及水生产和供应业	0.613	0.056
L	租赁和商务服务业	0.495	0.0813
Q	卫生和社会工作	0.390	0.096
R	文化、体育和娱乐业	0.389	0.1034
B	采矿业	0.674	0.051
H	住宿和餐饮业	0.365	0.053
I	信息传输、软件和信息技术服务业	0.347	0.102
M	科学研究和技术服务业	0.436	0.093
A	农、林、牧、渔业	0.418	0.048
J	金融业	0.618	0.042
P	教育	0.507	0.109

资料来源：Wind 数据库。

进一步地，由于制造业在我国总行业中占比较高，因此，将制造业细分为30个子行业，分析各个子行业所占的债务融资与报酬率。由表3.6和图3.3可知，一方面，纺织服装、服饰业，文教、工美、体育和娱乐用品制造业，酒、饮料和精制茶制造业以及医药制造业这四类子行业的资产负债比例较低，分别为29.8%、29.9%、35.3%、35.5%。但其资产回报率的大小却居于30个子行业中的较高位置，分别为12.6%、11.2%、11.2%和11.5%。说明善于运用金融资源的行业却没有得到应有的债务融资。另一方面，包括黑色金属冶炼及压延加工业，化学纤维制造业，通用设备制造业，石油加工、炼焦及核燃料加工业，造纸及纸制品业在内的一些传统行业却容易得到金融资源的垂青，即使在其产出效率较低的情况下，仍然能够获得较高的债务融资。说明我国金融资源的行业错配现象仍然没有得到改善。

表3.6 制造业各子行业资产负债率与资产报酬率对比

行业代码	行业名称	资产负债率	总资产报酬率
C27	医药制造业	0.355	0.115
C37	铁路、船舶、航空航天和其他运输设备制造业	0.599	0.086
C30	非金属矿物制品业	0.447	0.083
C39	计算机、通信和其他电子设备制造业	0.377	0.088
C15	酒、饮料和精制茶制造业	0.353	0.112
C36	汽车制造业	0.639	0.099
C33	金属制品业	0.426	0.082
C13	农副食品加工业	0.425	0.080
C38	电气机械及器材制造业	0.422	0.084
C25	石油加工、炼焦及核燃料加工业	0.503	0.053
C32	有色金属冶炼及压延加工	0.494	0.055
C26	化学原料及化学制品制造业	0.410	0.083
C35	专用设备制造业	0.412	0.087
C17	纺织业	0.433	0.059
C34	化学纤维制造业	0.443	0.077

续表

行业代码	行业名称	资产负债率	总资产报酬率
C28	通用设备制造业	0.502	0.046
C22	造纸及纸制品业	0.512	0.055
C29	橡胶和塑料制品业	0.423	0.095
C41	其他制造业	0.491	0.094
C21	家具制造业	0.439	0.139
C31	黑色金属冶炼及压延加工	0.649	0.037
C14	食品制造业	0.412	0.093
C42	印刷和记录媒介复制业	0.663	0.059
C20	废弃资源综合利用业	0.416	0.065
C18	木材加工及木、竹、藤、棕、草制品业	0.366	0.110
C40	纺织服装、服饰业	0.298	0.126
C23	仪器仪表制造业	0.397	0.098
C24	文教、工美、体育和娱乐用品制造业	0.299	0.112
C19	皮革、毛皮、羽毛及其制品和制鞋业	0.391	0.095

资料来源：Wind 数据库。

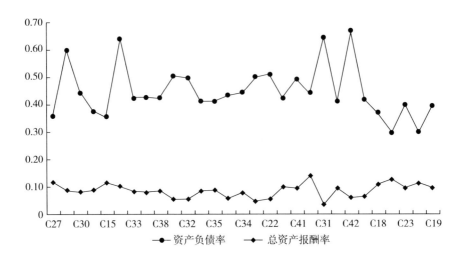

图 3.3　制造业各子行业资产负债率与总资产报酬率对比

资料来源：Wind 数据库。

（四）金融资源区域错配

金融资源的配置具有其内在规律性，中国金融资源配置无法沿着均衡有效的路径发展，而是形成了不均衡的金融资源配置格局。从 2009～2017 年东中西部地区上市公司的资产负债率和总资产报酬率对比分析来看（见图 3.4），东部地区所获得的债务融资低于中西部地区，但东部地区的总资产报酬率却远高于中西部地区。这种区域分化现象不仅存在于各大区域之间，同时也存在于区域内各小区域间。

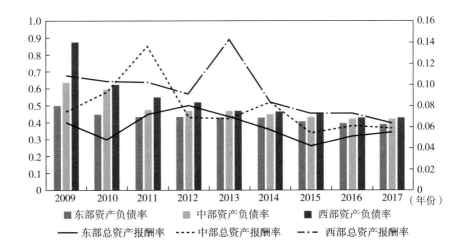

图 3.4　东中西部企业资产负债率与总资产报酬率对比

资料来源：Wind 数据库。

中国金融资源配置区域差异可以归结为三类原因：一是外生性的体制和政策因素，这与地区的竞争发展态势有关；二是内生性因素，包括经济增长差异、市场化程度差异等，这与地区经济体制转化、市场要素作用程度有关；三是内生性与外生性因素综合作用的结果。针对外生性因素，是因为东部、中部、西部经济发展基础本就不相同，由于特定区域的社会经济环境对金融运行有深远影响，所以形成各地区金融资源配置差异和金融发展结构的不同。而经济发展水平高低不同、社会资本充沛程度不同、资源和资金流动方向不同，都是造成金融资源发展与区域经济发展之间难以协同的重要原因；不同地区的经济发展水平差异、市场化改革程度、金融制度和政策倾斜、法律环境和信用环境以及政府机构的金融供给行为，使金融资源的区域性错配在我国普遍存在。

二、我国金融资源错配的指标测度

（一）金融资源错配指标的测度标准

在我国金融资源错配指标的测度方面，应遵循三个评价标准：指标测度要体现金融功能、指标测度要兼顾中观行业层面与微观企业层面、指标测度应基于中国具体国情。

1. 指标测度要体现金融功能

金融发展水平是未来经济增长率、资本积累和技术变革的良好预测指标。金融发展对经济发展的速度和模式产生了广泛的影响。理论表明，金融市场、金融工具以及金融制度的出现能够在一定程度上减轻信息和交易成本的影响，从而进一步作用于储蓄率、投资决策、技术创新以及长期经济增长。金融发展的最终目的是实现金融体系功能的有效发挥。具体来说，金融的功能体现在六个方面，包括清算和支付结算的功能、聚集和分散资源的功能、在时间和空间维度转移资源的功能、管理风险的功能、提供信息的功能以及解决激励问题的功能。而在这六项功能中，任何金融体系的主要核心功能都是为了在一个不确定的环境中促进资源在时间和空间上的有效配置。因此，金融资源错配作为对资源优化配置程度的偏离，其测度应该在一定程度上反映金融功能的发挥。

2. 指标测度要兼顾中观行业层面与微观企业层面

通过研究现有文献以及结合我国自身的具体情况发现，我国金融资源存在基于行业性质的行业间错配以及基于所有权性质、企业规模性质以及企业所属区域性质的行业内企业间错配。因此，指标的测度应在体现金融功能的基础上，更兼顾中观行业层面与微观企业层面，为后面进一步有针对性地分别研究行业间金融资源错配对全要素生产率的减损效应以及行业内企业间金融资源错配对企业投资效率的减损效应和企业风险效应打下良好的基础。

3. 指标测度应基于中国具体国情

目前我国金融体系仍然属于国家主导型金融体系，即以银行等金融机构为主导的间接融资、以股票债券等金融市场为辅的直接融资构成的。在这样的背景下，本书将金融资源错配中的资金来源划分边界定义在传统银行体系提供的信贷资源，在分析企业的融资可得性以及融资成本的过程中，其债务融资来源大多考量的是商业银行等银行业金融机构，不涉及企业从信托投资公司、租赁公司、保险公司以及财务公司等非银行金融机构所获得融资的情况。因此，本书中金融资源错配的指标测度主要还是基于传统银行提供的信贷资源。

（二）我国金融资源错配的指标测度

1. 直接测度

"直接测度"探究影响资源错配的直接来源，找到这一直接来源能够有效考察其造成的资源错配程度及其对产出效率的影响。金融资源错配的直接来源既包括金融市场内在固有缺陷，同时又与政府制度失灵、政府政策干预等外部因素紧密相关。在众多关于探究我国金融资源错配的文献中，最多的渠道是信贷市场扭曲因素。信贷市场扭曲引致利率或资产价格难以有效反映资金的真实价值，金融资源错配现象由此产生，而行业内企业间金融资源错配大多采用直接测度方法。

关于金融资源错配的直接测度方式，刘瑞明（2011）侧重研究基于所有权性质的金融资源错配，并将其用银行部门贷款总额中国有经济所占的比例来表示，但由于国有经济在银行部门贷款比重数据较难获得，仅用概率模型对其估计易产生误差；曹玉书和楼东玮（2012）提出用资本的产出弹性与劳动力的产出弹性之比来衡量资本要素配置过度水平，但这种方法的缺陷在于没有考虑到技术的影响；邵挺（2010）借鉴 Chari 等（2007）和 Song 等（2009）对资源错配的常用定义方法，构建式（3.1）：

$$r_i = r(1 + \eta_K^i) \tag{3.1}$$

其中，r 代表企业所在行业的资金使用成本，η_K^i 表示企业的金融资源错配程度。以金融资源错配为例，若一个企业从金融机构所获贷款的利率高出正常水平或仅能够通过非正规途径获得融资，则在式（3.1）中就表现为 η_K^i 这个系数值的上升。根据式（3.1）的表述，邵挺（2010）用每个企业的资金使用成本对所在行业的平均资金使用成本的偏离度来衡量金融资源错配，这样能够有效反映企业间融资成本差异对企业价值及全要素生产率的影响。

因此，本书借鉴邵挺（2010）、Chari 等（2007）和 Song 等（2009）的研究，运用金融错配负担水平来衡量金融资源错配，即企业的资金使用成本与所在行业的平均资金使用成本的偏离度，对应于财务费用中的利息支出与扣除应付账款后的负债的比例。企业的资金使用成本与行业平均资金使用成本偏离度越大，说明成本被抬高或压低越多，企业所承担的金融资源错配程度越大。基于以上分析，本书在研究行业内企业间金融资源错配对企业投资效率的减损效应及金融资源错配的风险效应方面，采用"直接测度"方法，用金融错配负担水平变量，即企业使用资金的成本与其所在行业的平均资金的使用成本的偏离度来衡量金融资源错配程度的大小及影响。

2. 间接测度

直接测度的一个显著特征是它试图评估特定潜在因素通过资源错配对 TFP 产生影响。但直接测度也存在局限，一些有可能导致金融资源错配的因素都是无法定量衡量的。而"间接测度"并不先验假定某一因素所造成的金融资源错配程度，而是关注所有潜在因素对资源错配的净影响，不考虑具体因素。这与最优化问题中构造一阶条件原理相似。金融资源错配的"间接测度"方法大多数用于分析金融资源在不同行业间的错配程度及其对全要素生产率和产出效率的影响。

Hsieh 和 Klenow（2009）对资源错配的开创性研究为间接测度资源错配程度奠定了基础。他们通过构建一个异质性企业的垄断竞争标准模型来测度资源错配对总生产率的影响。在假定企业面临潜在的产出和资本扭曲差异的基础上，设定行业服从 CES 生产函数，行业内的每个企业服从 C-D 生产函数，并且将资本面临的扭曲程度设定为 τ_K。对于那些受到政府规模控制、难以获得信贷资源或是面临高资本成本的企业而言，扭曲 τ_K 会很高，而对于那些受到政府信贷补贴或能够获得廉价信贷的企业来说，扭曲 τ_K 就会很低。构建含有要素扭曲的利润函数，根据利润函数最大化原则，得出带有扭曲的资本边际收益产品和劳动力边际收益产品。进一步地，将资源错配与全要素生产率相联，构造全要素生产率关于资本错配和劳动力错配的函数。由于企业"实际生产率""收入生产率"存在差异，因此，将企业特定扭曲运用收入生产率来衡量，企业收入生产率高意味着企业面临壁垒。同时，用生产率收益的离散程度来表示资源错配，离散程度越大，资源错配程度越深。

"间接测度"方法的核心思想是通过构造一般均衡模型，测算出含有扭曲情况下的生产率与不含有扭曲情况下的生产率之间的偏离，以此来衡量金融资源错配程度的大小。因此，基于 Hsieh 和 Klenow（2009）的思想，Aoki（2012）站在要素流动角度，引入要素流动系数来测度资源错配，能够更全面准确地测算出资源错配程度及其对全要素生产率的影响。

本书基于 Aoki（2012）的研究，构造以税率表征资源流动障碍引致两国要素生产率差异的理论框架，将所有可能的扭曲都用加在价格上的"税收楔子"来表达，通过要素流动系数的引入，构造要素价格绝对扭曲系数以及要素价格相对扭曲系数，运用资本价格的相对扭曲系数来初步测度金融资源错配。进一步地，将带有"税收楔子"的配置产出与不带有"税收楔子"的均衡配置产出的偏离作为"错配"程度的衡量。在计算出产出缺口的基础上，拓展 Syrquin 的分解，将产出效率分解为要素投入变动效应和全要素生产率变动效应，将全要素生产率分解为行业全要素生产率变动效应及资源配置效应，并进一步将资源配置效应分解为要素价格扭曲变动效应和行业份额效应。通过对产出效率和全要素生产率的层层分解，我们可以得出要素价格扭曲变动效应中因资本价格扭曲引致的金融资源错配对全要素生产率的贡献度，即用资源错配下的全要素生产率的损失来表征行业间金融资源错配的程度。

综上所述，本书将"直接测度"与"间接测度"相结合，运用"直接测度"方法来衡量由信贷市场扭曲导致的资本成本不均衡的行业内企业间金融资源错配，并进一步分析金融资源错配对企业投资效率的减损效应及金融资源错配的风险效应；运用"间接测度"方法，构造一般均衡模型来衡量不同行业间的金融资源错配程度，以考察金融资源错配对全要素生产率和产出效率的减损效应。

三、本章小结

本章首先分析了我国金融资源错配的现状。第一，从金融资源所有制错配来看，金融资源的流向与资金使用率和资金利润率存在基于所有制上的背离，相比于高效率且具有成长潜力的民营企业而言，效率低下的国有企业反而能够以较低的成本获得金融资源；第二，从金融资源规模错配来看，大而不倒的僵尸企业在仍能获得金融资源的情况下继续存活，中小企业融资难问题依然没有得到有效解决；第三，从金融资源行业错配来看，国有企业所在行业多为资本密集型，房地产业以及信息传输、软件和信息技术服务业在资产负债率和资产回报率两方面出现背离；此外，对制造业进一步细分成子行业，发现，如纺织服装、服饰业，文教、工美、体育和娱乐用品制造业，酒、饮料和精制茶制造业以及医药制造业这四类子行业的资产负债比例较低，但其资产回报率的大小却居于 30 个子行业中的较高位置，说明善于运用金融资源的行业却没有得到应有的债务融资。而包括黑色金属冶炼及压延加工业，化学纤维制造业，通用设备制造业，石油加工、炼焦及核燃料加工业，造纸及纸制品业在内的一些传统行业在其产出效率较低的情况下，仍然能够得到金融资源的垂青，我国金融资源的行业间错配现象仍然没有得到改善。其次，从金融资源的区域错配来看，政府从前对中西部地区的扶持，较少考虑到投资回报率的因素。从东部和中西部地区的发展来看，东部地区的金融资源使用效率和回报率远高于中西部地区。最后，在总结分析我国金融资源错配的现状基础上，本书进一步对我国金融资源错配的指标进行测度，采用"间接测度"方法，构建含有"税收楔子"的多部门竞争均衡模型，衡量我国行业间金融资源错配对全要素生产率的减损效应中金融资源错配程度的大小；采用"直接测度"方法，运用金融错配负担水平，即企业资本成本与行业平均资本成本的偏离度，来衡量我国企业间金融资源错配对企业投资效率的减损效应以及我国金融资源错配的风险效应中金融资源错配程度的大小，以期在统一的框架下，既可以分析整体金融资源错配不同维度的特征，又可以有针对性地比较特定因素在整体金融资源错配中的重要性。

第四章 我国金融资源错配的形成机理

目前中国正处在由高速增长阶段向高质量发展阶段的转型时期，而对于经济转型过程中的发展中国家而言，若资源难以协调，就会产生金融资源错配问题。能否抓住金融资源错配的根源并通过自身努力纠正错配，对进一步推进金融深化进程，完善金融体制，促进经济强实抑虚以及资本配置最优化具有重要的意义。本章将分别从内在形成机理和外在形成机理两个大方面，阐述我国金融资源错配的形成机理。本章的研究为第五章、第六章和第七章的分析奠定了基础。

一、内在形成机理

（一）信息不对称与金融资源错配

信息这种稀缺资源在现实社会系统中生产、发送、传递、接收和反馈的过程，并不能保证所有社会主体均能获得充分的信息，也不能保证一宗经济交易的相关当事人均有同等充分的信息，更不能保证所有经济主体都有意愿将自身的私人信息充分地公之于其他人。在社会经济系统中，信息的这种不对称性具有普遍性，它所引致的逆向选择、道德风险等问题催生了金融资源错配的出现，严重阻碍了总体经济的发展。

融资问题对企业、投资者、金融机构的困扰，在很大程度上都表现为信息不对称的结果。信息是一种公共物品，信息信号失灵造成的"市场失灵"与"政府失灵"的同步存在，是市场经济体制国家的普遍困境，中国金融资源配置不均衡，就是这一问题的体现。中国目前的金融资源配置模式，既不是严格意义上的市场经济配置，也不是传统的计划管理配置。因此，在信息不对称普遍存在的情况下，人们试图借助高收益来弥补可能存在的风险。但是，在信贷市场上依靠提高利率，并不会使银行的预期收益提高，相反可能使银行放款的平均风险上升，即使有高利率项目存在，银行也宁愿选择在相对低的利率水平上拒绝一部分贷款需求，这就产生了"信贷配给"现象。"信贷配给"意味着一种情况下，贷款申请人是相同的，有些人能够获得贷款，但其他人不能，被拒绝的申请人即使支付更高的利率也不会获得贷款。另一种情况下，一些拥有信贷供应的团体即使信贷供应量较大，但也无法以任何利率获得贷款。此外，在信息不对称以及不完全信息的背景下，利率也无法有效反映金融市场的资产价格和金融市场的资金供求状况，因此通过价格配置金融资源的机制也无法有效发挥作用。按照戈德史密斯的金融结构理论，中国金融市场处于银行信贷市场、证券市场、保险市场、担保市场、小额贷款市场、民间借贷市场等完全分割的多重市场体系之中，以上各个金融专业市场无法实现金融资源的顺畅流转，从而造成市场分割和多重利率出现。现实来看，银行信贷市场利率高低不一、担保市场不良化没有改观、小额信贷市场定位仍然不清晰等问题，集中体现了利率信号失灵。利率信号失灵既不能准确反映全社会融资成本高低状况，更割裂了金融市场运作与实体经济状况的正常衔接。中国利率市场化改革的滞后性，造成利率决定、利率传导、利率结构和利率管理等多方面问题的出现，从而导致市场在金融资源有效配置中的功能无法充分发挥。

　　由此可见，信息不对称不仅直接造成了信贷市场失灵，也同样通过利率途径间接阻碍了金融资源最优配置。逆向选择和道德风险问题的存在，使借款者的真实信用无法由金融机构所掌握，这样一来便无法对其事后行为进行准确的预判。在各种不确定性的压力下，金融机构需要进一步加强风险管控，而非回避风险。但是目前，由于金融机构在衡量借款人的风险状况时无法做出准确评估，只好将所有企业都看作"可能"有问题的借款人，从而导致融资困境。拥有资金的储蓄者没有投资机会或者投资能力，拥有投资机会和投资能力的投资者又没有足够资金，两者必须通过合作，才能将闲置资金转入生产经营活动，以实现资源的跨期配置。这一融资过程，经过金融机构和金融体系而实现，因此存在着双重不确定性：一是储蓄者与金融机构之间是否存在信息不对称问题，为解决这一问题，政府机构和监管部门加强金融行业管制和日常监管，树立金融机构信誉，使金融机构这一稀缺金融资源的价值得以充分发挥，并完善金融机构运行的激励和约束机制；二是金融机构与投资者之间是否存在信息不对称问题，为解决这一问题，应建立便利交易的金融要素市场体系，促进投资者表露其真实信息、提升其信用水平，从而形成完善的社会信用体系。

（二）要素市场扭曲与金融资源错配

金融市场在决定利率水平以及利率对各种投资（包括研发投资）的影响方面存在作用。在完全竞争不存在扭曲的市场中，按照帕累托最优原则均衡配置资源可以使得同质商品的产出最大化（Hopenhayn，2014）。在新古典传统中，信息充分且完全竞争，利率取决于实际家庭储蓄决策与公司投资决策的相互作用，金融市场不会影响技术发展的速度，除非它们影响了从贷方家庭向投资者公司转移资金的交易成本。但真正的金融市场与新古典主义规范存在较大差异，其主要特点是不完全信息。在信息不完备的金融市场中，企业的所有者（管理者）比金融市场的参与者更了解企业的未来前景。在这种情况下，进行股权份额出售的市场功能也是不完备的，企业可以筹集到的股权资本会受到约束和限制。股票市场的失败削弱了经营者将其经营风险多样化分散的能力，从而不利于直接投资水平的提高，金融市场不完善对整体生产率增长和技术发展产生不利影响。

金融市场不完善的性质导致了资本等要素市场存在扭曲，而大多数关于错配的文献指出，资源错配源于要素市场本身的扭曲（Guner et al.，2008；Restuccia 和 Rogerson，2008；Hsieh 和 Klenow，2009；Bartelsman et al.，2013）。资源错配主要表现为企业间生产率分布的差异度。在一个完美的不存在扭曲的市场中，资本、劳动力和土地等要素资源基于市场原则会实现从低效率企业向高效率企业的转移，低效率企业会被迫退出市场，市场均衡出现。此时，企业间生产率分布不存在差异。但在经济转型过程当中，由于市场的不完美，产品市场和要素市场均存在扭曲。例如，存在一些阻碍跨区域要素流动的结构性障碍；还有由于各级地方政府干预资本市场的运作，国家主导的银行往往采用偏向于城市地区或选择性制造业大型国有企业的信贷政策；地方保护主义或规模限制等。这些扭曲因素已经在一定程度上引致了企业间生产率分布的差异，并进一步减缓了总生产率的增长。具体来看，要素市场扭曲通过两个途径作用于资源错配，并对全要素生产率产生影响：一方面，从静态角度来看，要素价格会受到要素市场扭曲的影响，并进一步作用于企业的生产率分布和边际产出，从而削弱了全要素生产率的提高；另一方面，从动态角度来看，要素市场扭曲通过扭曲企业的进入、退出行为使效率低下的本地企业能够继续存活，而将高效率的企业拒之门外。在这样的情况下，低效率的本地企业因地方保护而安于现状，高效率的企业由于无法进入市场从而无法获得要素资源，两方面的共同作用使得企业间生产率分布差异扩大，资源浪费的同时降低了配置效率。

在中国渐进市场化改革的过程中，要素市场与产品市场的发展存在不同步、不一致的特点。要素市场扭曲会影响产品市场中企业的经营表现和绩效产出，进而导致非国有企业和中小企业的融资约束。国有企业在投入产出效率以及企业成长性等方面的发展都要滞后于民营企业和外资企业，但因其与国有金融机构的天然联系，国有企业在获得信贷资源方面仍存在优势；反观民营企业和外资企业，它们虽然在总资产收益率以及企业投资效率等方面优于国有企业，但由于金融市场不完美引发的要素市场扭曲，一方面导致了市场内的民营企业和外资企业难以获得信贷资源，另一方面使市场外的企业难以进入市场，从而无法获得支撑其企业发展的信贷资源。要素市场扭曲引致金融资源的结构性错配，与那些对更具有生产力的企业进行征税并补贴效率较低企业相关的扭曲可能更有害于整体全要素生产率的提高。因此，有效的要素分配对于发展中国家的增长潜力至关重要。

（三）金融摩擦与金融资源错配

在主流的新古典主义经济学框架下，德布鲁和阿罗较早地认为，假设在一个不存在信息及交易成本的框架中，则没有必要建立一个金融系统来监督管理者、方便交易以及为了减轻金融风险而做出各种准备和安排。因此有关于经济增长过程中金融系统这一角色的研究都是在 Arrow-Debreu 定理①的基础上增加了特定的摩擦，获取信息的费用以及交易成本催生了金融市场和金融机构的出现。但由于金融市场不完美，信息不对称性、融资约束以及要素扭曲等金融摩擦的存在，使信贷市场缺陷引致金融资源错配，降低了全要素生产率，阻碍了总体经济增长。

不完善金融体系中存在的金融摩擦会导致金融资源配置效率的低下。金融摩擦同样通过扭曲异质性企业间资本配置及他们的进入和退出决策来影响部门生产率。第一，金融摩擦扭曲现存企业的资本配置（资本错配）。第二，金融摩擦扭曲了企业家才能配置，有才能但贫穷的企业家会延期进入市场，而缺乏竞争力，欠缺才能但富有的企业家仍然能在市场中长时间经营（人才错配）。第三，金融摩擦扭曲了一个经济体内特定分配创业人才的企业数量。因此，在我国不完全竞争市场下，信息不对称、潜在异质性企业的信息成本以及进入后决策失败的沉没成本等金融摩擦引致的金融资源错配对于人均收入、总 TFP（全要素生产率）水平以及部门间 TFP 有着显著影响。

下面本书借鉴 Stein（2003）和 Wu（2017）中的融资成本约束模型和融资数量约束模型来分析金融摩擦对金融资源错配的作用机制。我们考虑在一个笼统的环境中，金融摩擦是以金融约束的形式存在的，且摩擦是企业特定层面的。

假设在 Dixit-Stiglitz 垄断竞争环境中，企业 i 得到了一个随机投资机会 H_i，它生产异质性产品投入的资本为 K_i、劳动力为 L_i，收入函数如下：

$$E_i = H_i^{\mu_i}(K_i^{\beta_i} L_i^{1-\beta_i})^{1-\mu_i} \tag{4.1}$$

在式（4.1）中，μ_i 为需求弹性的倒数，β_i 为资本产出弹性。定义 w_i 为工资率。为探究产品市场、技术采用以及劳动力市场中潜在摩擦的程度，我们令 μ_i、β_i、w_i 为企业特定层面。

---

① 1954 年美国经济学家 Kenneth J. Arrow 和美籍法国经济学家 Gerard Debreu 用公理化方法给出了 Walras 一般经济均衡存在的严格数学证明。在 Arrow-Debreu 定理的系统论证中，运用了对策论、凸集理论和不动点理论。Arrow-Debreu 一般均衡存在性定理为更大范围内满足条件的竞争性经济存在一个或多个均衡点提供了理论依据。

给定资本投入 K_i、企业选择投入劳动力 L_i 以最大化总利润

$$\pi_i = \max_{L_i} \left[E_i - w_i L_i \right] \qquad (4.2)$$

求解利润最大化函数，可表示为

$$\pi_i = g_i H_i^{\eta_i} K_i^{1-\eta_i} \qquad (4.3)$$

其中，

$$\eta_i \equiv \frac{\mu_i}{\mu_i + \beta_i (1-\mu_i)}, \quad g_i = \left[\mu_i + \beta_i (1-\mu_i) \right] \left[\frac{(1-\beta_i)(1-\mu_i)}{w_i} \right]^{\frac{(1-\beta_i)(1-\mu_i)}{\mu_i + \beta_i (1-\mu_i)}}$$

最优劳动力产出的一阶条件为

$$\frac{w_i L_i}{E_i} = (1-\beta_i)(1-\mu_i) \qquad (4.4)$$

这意味着在这个模型中的利润是销售收入中的固定份额

$$\frac{\pi_i}{E_i} = \mu_i + \beta_i (1-\mu_i) \qquad (4.5)$$

为了进行资本投资，企业 i 实际上支付的是税后资本货物价格

$$P_i^K = P^K (1+\gamma_i) = 1 + \gamma_i \qquad (4.6)$$

在式（4.6）中，P^K 为标准化后的平均资本货物价格。γ_i 表示企业特定的投资税收抵免率。例如，若 $\gamma_i = -0.1$，企业面临有利的扭曲，并可从政府获得 10% 的投资支出补贴。

除投资机会外，企业 i 拥有数量为 F_i 的内部资金用于投资。

1. 融资成本约束与金融资源错配

在一个典型的成本约束模型中，使用外部融资会产生额外的成本。假设外部融资的成本函数形式为 $\alpha_i \Lambda (K_i, F_i)$，$\Lambda_K > 0$，$\Lambda_{KK} > 0$，$\Lambda_F < 0$，$\Lambda_{KW} < 0$，企业利润最大化函数如下：

$$\max_{K_i} V_i = \pi (H_i, K_i) - (1+\gamma_i) K_i - \alpha_i \Lambda (K_i, F_i) \qquad (4.7)$$

一阶求导后，得

$$\pi_K (H_i, K_i) = (1+\gamma_i) + \alpha_i \lambda (K_i, F_i) \qquad (4.8)$$

其中，$\alpha_i \lambda (K_i, F_i) \equiv \alpha_i \Lambda_K (K_i, F_i) > 0$ 是外部融资的边际成本。

企业层面的成本参数 α_i 衡量的是企业 i 面临的金融摩擦程度。在其他条件相

同的情况下，大型且成立时间较久的企业其 α_i 较小，也就是说，这些企业在发行金融债券或获取金融资源的时候支付较低成本。与此同时，金融摩擦参数 α_i 的大小还依赖于企业所面临的政策扭曲程度。例如，在其他条件相同的情况下，一些制度安排赋予政策优惠的企业以更低的成本进入资本市场。因此，定义 $\alpha_i = \alpha(\alpha_i^f, \alpha_i^p)$，$\alpha_i^f$ 表示金融市场本身存在的摩擦，α_i^p 表示由政策扭曲所造成的金融摩擦。两方面的金融摩擦决定了企业 i 的外部融资成本的高低。

2. 融资数量约束与金融资源错配

在典型的数量约束模型中，企业以市场现行的回报率发行金融债券，但发行数量受到限制。假设数量约束函数形式为 $K_i - F_i \leqslant (1-\sigma_i)K_i$，其中，$0 \leqslant \sigma_i \leqslant 1$。在极端情况下，当 $\sigma_i = 1$ 时，企业 i 面临的是 Stiglitz 和 Weiss（1981）所提到的信贷配给。企业利润最大化函数服从数量约束条件，即

$$\max_{K_i} V_i = \pi(H_i, K_i) - (1+\gamma_i)K_i \tag{4.9}$$

$$K_i - F_i \leqslant (1-\sigma_i)K_i \tag{4.10}$$

定义 $\phi(H_i, F_i) > 0$，$\phi_H > 0$，$\phi_F > 0$，最优资本投资的一阶条件为

$$\pi_K(H_i, K_i) = (1+\gamma_i) + \sigma_i \phi(H_i, F_i) \tag{4.11}$$

数量约束模型的微观基础意味着企业层面约束参数 σ_i 企业资产承诺能力或企业收入波动水平的自然函数。当政治关联成为额外的隐含抵押品时，面临有利政策扭曲的企业其参数 σ_i 较小。同样，σ_i 也可以写成 $\sigma_i = \sigma(\sigma_i^f, \sigma_i^p)$。

3. 金融资源错配与全要素生产率损失

在上文分析了金融资源错配的形成机理后，将式（4.8）和式（4.11）改写

$$MRPK_i \equiv \pi_K(H_i, K_i) = (1+\gamma_i) + \alpha_i \lambda(K_i, F_i) \equiv UC_i \tag{4.12}$$

$$MRPK_i \equiv \pi_K(H_i, K_i) = (1+\gamma_i) + \sigma_i \phi(H_i, F_i) \equiv UC_i \tag{4.13}$$

式（4.13）等式左边是企业 i 的资本边际收益产品，等式右边为资本使用成本。金融摩擦通过融资成本约束和融资数量约束对金融资源错配产生影响。当企业的资本使用成本与边际收益产品相等时，企业的投资决策处于最优水平。而企业的资本成本又依赖于政策扭曲所导致的金融摩擦和金融市场本身的摩擦。

在最优配置下，不存在金融摩擦，此时，$\gamma_i = \alpha_i = \sigma_i = 0$。但在存在金融摩擦的情况下，实际配置依赖于企业特定层面的资本使用成本，而这又是由联合分布

$G(\gamma_i, \alpha_i^p, \sigma_i^p, \alpha_i^f, \sigma_i^f, H_i, F_i)$ 所决定的。由金融摩擦所引致的金融资源错配使得总的全要素生产率损失与企业 i 的资本边际收益产品对数方差成比例[①]。

$$\Delta \log TFP = \frac{1}{2} \frac{\beta(1-\mu)(1-(1-\beta)(1-\mu))}{\mu} \mathrm{Var}(\log MRPK_i) \qquad (4.14)$$

因此，通过以上分析可得，金融摩擦主要是通过融资约束这一途径来对金融资源错配产生影响。融资约束又可分为融资成本约束和融资数量约束。从融资成本约束来看，大型且成立时间久的企业所受到的约束程度小；从融资数量约束来看，政府关联性强的企业所受到的融资约束程度小。金融市场本身的摩擦和因政策扭曲造成的金融摩擦引致金融资源错配，进而造成了全要素生产率的损失。

二、外在形成机理

（一）金融体系不健全与金融资源错配

在经济发展的进程中，金融被认为是促进经济增长的重要角色。基于金融功能论角度，金融系统的主要功能是促进资金从储蓄主体（剩余单位）转移至需要资金的主体（赤字单位）。具体而言，可概括为五点，包括便利了交易、对冲、差异化以及风险池，实现资源配置，监督经理人并完善公司治理，动员储蓄和方便了商品和服务的交换。金融发展正是通过资本积累和技术创新这两个渠道来影响经济增长。金融发展在促进经济增长、改善资本配置效率方面起到至关重要的作用。

运作良好的金融体系包括金融市场和金融机构，通常情况下，处于起步阶段

---

① 众多文献已就金融摩擦对外延边际的金融资源错配产生影响达成共识，而在转型动态期间，金融摩擦是否会对内延边际的金融资源错配产生影响仍不明朗。因此，本书借鉴了 Wu（2017）的研究将分析重点放在转型动态和内延边际上，构建融资成本约束模型和融资数量约束模型探究金融摩擦对金融资源错配的作用机制，并进一步探究其所造成的全要素生产率损失。

的金融体系以银行机构为主。由于原始禀赋、代理人类型以及信息约束的出现，银行和金融市场合理共存。银行与金融市场的范围是在一个不受管制的经济中内生决定的，其中金融市场的特征是存在较多的代理人，它们通过汇总证券订单流中包含的信息形成理性预期的均衡价格。金融市场与银行紧密相连的一个关键属性是，从证券的均衡市场价格到影响市场价格的企业真实决策中能够得到信息的有效反馈，此种信息循环提供了一种传播机制，通过该机制可以在实际部门中感受到金融市场交易的影响。但真实的决策不会影响银行信贷合同中考察的信息。因此，银行作为代理人的联盟而出现，它们协调行动以解决资产替代道德风险。银行与金融市场分配的信贷相对水平取决于银行监管的有效性和金融市场的"发展"，即金融市场复杂程度或金融创新水平。金融体系完善的国家在成长性产业增加投资，而在衰退产业减少投资，在缓解信息壁垒方面更加有效。我国的金融体系尚不完善，金融市场整体发展规模小于金融机构体系，而金融机构体系又由一个庞大但欠发达的银行系统主导。图4.1列示了金融市场中占主导位置的股票市场规模与银行贷款规模对比，发现无论是用股票总市值与GDP比重还是由股票流通市值与GDP比重①来衡量的股票市场规模，都远远小于银行贷款规模，间接融资模式在我国仍然占据主要位置。

1. 我国金融机构体系以银行系统为主导

1948年，中华人民共和国成立的前夕，新成立的中国人民银行开始发行人民币。1949年，中华人民共和国成立后，政府设立的国家银行和官僚资本银行由国家接管，私营金融也通过公私合营完成改造。所有1949年以前成立的私有企业和机构都在1950年被国有化。1950～1978年，中国的金融体系主要是由一家银行组成，即中国人民银行。它作为财政部下属的中央政府所属和控制的银行，既是中央银行又是商业银行，控制着我国金融资产总额的大部分。中国人民银行主要负责为实物生产计划提供资金，同时使用"现金计划""信贷计划"来控制消费市场的现金流以及分支机构的现金流转移，以中国人民银行为主体的国家银行体系逐渐建立起来。1979年开始，银行体制进行了大规模的改革，传

---

① 股票流通市值相比于股票总市值更能反映股票市场的规模，因为股票总市值中包括非流通股，而股票流通市值衡量的是市场中交易部分的市值。

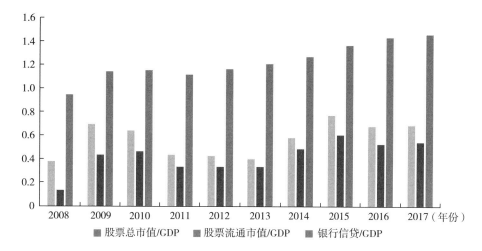

图例：■ 股票总市值/GDP ■ 股票流通市值/GDP ■ 银行信贷/GDP

图 4.1 股票市场规模与银行信贷规模对比

资料来源：中国人民银行、Wind 数据库。

统的"大一统"银行体制逐渐过渡至多层次现代银行体制。与此同时，也出现了一些独立经营、实行企业化管理的专业银行。1979 年年底，中国人民银行成为一个独立的实体，而其他三家国有银行接管了部分商业银行的业务：中国银行被授权专门从事与对外贸易和投资有关的交易；中国建设银行主要负责处理与固定投资（特别是制造业）相关的交易；中国农业银行，负责处理农村地区的所有银行业务。中国人民银行正式成立为中央银行，同时成立了中国工商银行，接管中国人民银行的其余商业交易。此外，股份制商业银行开始设立，银行业的对外开放程度也大大加深。最终形成了以国有独资商业银行为主体，包括政策性银行、股份制商业银行、城市商业银行、农村商业银行、外资银行等金融机构的完整的存款货币银行体系。

目前我国金融机构体系主要是以中央银行为主导，国有（控股）商业银行为主体，同时还包含股份制商业银行，以及证券业金融机构、保险业金融机构等非银行金融机构。纵观我国金融体系发展历程，即使近年来许多非银行金融机构的数量不断增长，但中国的金融体系仍然是银行系统占主导，其他金融机构的规模小于银行业。如图 4.2 所示，保险公司管理的总资产占 GDP 的比例小于银行信贷在 GDP 中所占的比重。

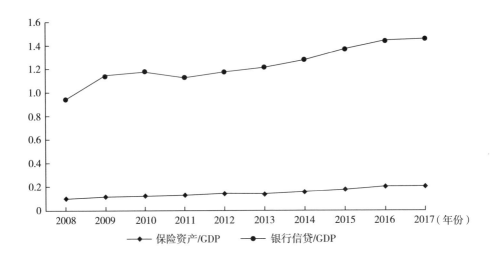

图 4.2　保险中介规模与银行信贷规模对比

资料来源：金融、中国人民银行。

站在资金需求的角度来看，我国企业最重要的融资渠道是自筹资金和银行贷款。银行贷款（包括非国有银行的贷款）为企业提供了大量资金，占公司总融资需求的很大一部分。但由于中国的银行体系主要由国有大银行控制，大部分贷款投放到了制造业的国有企业以及用于基础设施建设的政府资助项目，而对乡镇企业、私营企业和集体企业以及合资企业的贷款规模较小。基于前文对我国金融资源错配的现状分析可知，国有企业相对于民营企业更容易获得金融资源，但从效率角度来看，民营企业在资本回报率以及企业绩效等方面却要优于国有企业。金融资源的错配意味着金融资源的流向与资金使用率和资金利润率存在背离，因对国有企业的贷款决策不力，国有企业虽获得了银行信贷资源却难以按时偿还贷款，国有大银行出现不良贷款。中国银行业以及整个金融机构体系最明显的问题是国有银行内部，特别是大型国有银行中的不良贷款数量。为了减少不良贷款，政府采取积极措施，成立了四家国有资产管理公司，其目标是清算国有大银行各自积累的不良贷款。清算过程包括出售、转移、证券化和将贷款转售给投资者，但影响清算程序的一个关键问题是这四大资产管理公司和银行都是国有企业，资产管理公司不太可能迫使银行与私营银行那样与违约借款人断绝信贷联系。因此，随着旧的不良贷款被清算，来自同一借款人的新的不良贷款会继续浮出水面。

2. 我国金融市场不发达

在20世纪90年代以前，我国不存在真正意义上的金融市场，而是以银行一统天下的局面，融资主要是通过银行体系进行的。在1990年，以上海、深圳两个证券交易所的成立为标志，资本市场正式进入中国金融体系。从此以后，企业筹集资本金的问题，可以通过金融市场来进行。但由于企业债券市场和股票市场的种种弊端，金融市场的发展进程缓慢。从股票市场来看，股市逐渐呈现出的低效率可归因于监管不力。目前上市公司的进程助长了寻求IPO公司的逆向选择问题，同时也助长了上市公司的道德风险问题。首先，每个候选公司必须申请并获得政府的上市配额或许可，必须披露财务和会计信息，这需要经过漫长的评估过程。由于存在欺诈性披露以及缺乏独立审计等因素，评估过程效率低下。同时，伴随着五大商业银行成为上市公司，政府成为最大的股东并保留了控制权。其次，一旦上市，具有严重代理问题的企业的管理者便没有动力去管理资产，而是依靠外部资本市场，即通过并购和证券发行来筹集资金。从债券市场来看，"政策性金融债券"规模较大，这些债券由"政策性银行"发行，在财政部的监督下运作，债券发行的收益投资于政府运营项目和基础设施建设等行业。与政府发行的债券相比，企业债券市场规模微不足道，企业债券市场不到政府债券市场规模的1/10（见图4.3）。此外，Fan等（2013）发现由于政府的保护，国有企业的破产成本和财务困境成本要低得多，这些企业更容易获得银行贷款，因此更容易进入债券市场。间接融资中银行对国有企业的倾向引致的金融资源错配传导至直接融资市场，造成金融资源的严重浪费。

总而言之，与拥有发达金融体系的国家相比，我国金融体系仍然不完善，仍未达到充分发展和规范运行的程度。金融资源错配现象普遍存在。中国金融机构体系仍然属于国家主导型，金融机构难以按照效率原则分配资源，利率未完全市场化。金融市场体系与金融机构体系的不健全使得利率和资产价格难以反映资金

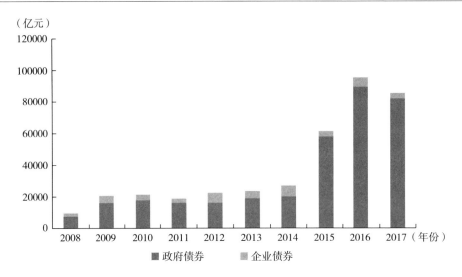

（亿元）

图 4.3　政府债券规模与企业债券规模对比

资料来源：Wind 数据库。

的真实价值，金融资源也难以按照帕累托有效的原则进行分配，金融资源错配由此产生。

　　一方面，中国目前的金融机构体系主要以大型且效率低下的银行业为主导，金融机构难以按照效率原则分配金融资源。与国有商业银行存在天然联系的国有企业在其资本回报率和产出效率低下的情况下仍然能够获得大量信贷融资，而具有发展潜力的成长性企业或科技型企业在融资可得性和融资成本这两方面存在劣势。金融资源错配现象的出现导致金融资源严重浪费的同时，降低了企业的全要素生产率和投资效率，并增加了企业的风险承担。另一方面，金融市场中占主导位置的股票市场存在扭曲，股票市场在经济中配置资源的作用有限。一般而言，发达的金融市场在风险分担与管理方面、信息处理方面、监管方面以及公司治理等方面应发挥巨大作用，居于金融市场主体地位的股票市场在对冲风险以及监管动态变化中的产业方面，更具有绝对优势。在股票市场中，不同主体基于自身的收益需求和风险承担选择不同的投资组合，同时还能够进行风险对冲。此外，在新产业涌入的过程中，会出现关于企业经营方面的不一致的观点，股票市场能够刺激很多人来研究、关注企业的管理行为，防止资源浪费。但在我国股票市场的发展进程中，存在着市场定位以及市场配置功能的扭曲。股票市场成为一些特权企业获得廉价资本的地方，而非为居民提供投资机会的通道。IPO 审批制度为国企从股票市场融资提供了便利。

（二）所有制差异与金融资源错配

在落后经济和后起经济中，许多行业中多有国营企业，它们的规模不一，垄断程度也不等。在混合型企业中，国家参股，有些由国家支配，有些则被支配；这类企业有些是殖民经济遗留下来的，有些是作为迈向社会主义的第一步；有些是政府的象征物，有些则是从亏损企业和外国企业主手中接管过来的。然而，它们当中的部分都带有这样的信念：国营企业在扩展经济的生产可能性边界和改善社会福利方面要胜过私人企业。国营企业的一个特点是不节省储蓄，它们偏爱资本密集型的技术。由于可以按补贴性贷款利率通过配给得到资金，在组织生产的过程中，它们一味地节约劳动力。然而，城市劳动力的闲置会产生社会压力，国营企业不得不雇用对现存技术条件来说实属多余的人力。对这些多余劳动力支付的工资相对比较高，超过了任何能与之匹敌的影子工资率的水平。

在中国，公有制和私有制这种所有制属性上的差别，使信贷市场上国有企业与私营企业处于相对不平等地位，所有制差异是我国金融资源错配的另一内在根源。一国金融体系的发展，对其总体经济增长有影响（Mckinnon，1973）。中国的金融体系主要被银行部门所主导，而中国的银行部门主要被国有银行所主导。银行是国有的，从意识偏好上更愿意贷款给政府所有权企业而不是私营企业，贷款给政府所有权企业会为银行带来额外津贴。当银行获取贷款申请人的真实信息成本高昂时，银行可能会根据群体特征而做出决策。若一个特定群体的信贷历史记录较差，那么群体中的成员将面临歧视。在中国，银行主要与政府所有权企业打交道，并在获取有关公司信息方面建立了良好的渠道。新成立的私营企业在这方面处于劣势，会面临银行的歧视行为（Brandt et al.，2013），所有制上的差异导致了金融资源投向错配。

（三） 政府干预与金融资源错配

市场失灵为政府干预提供了理由。政府机构作为公共利益的代表，通过组织金融资源而实现金融资源的最优配置，促进经济和金融的有效融合，进而收获更好的经济发展成果。政府机构是金融资源优化配置的主要推动力量，是其他各类主体的协调者。在传统计划经济国家中，金融资源处于严重压抑状态，金融资源配置效率低，国家依靠政府信用抵抗不断累积的金融风险，并支撑着整个金融体系。但政府政策对经济增长的影响存在短期和长期的差异性。典型的例子是20世纪80年代和90年代的日本（Johnson，1982）和韩国（Kim，1998；Hong，2005）。在这两个国家，政府成功制定了产业政策，促使60年代和70年代经济的快速增长。政府为当时具有突飞猛进增长的生产性企业集团提供补贴。然而，在几十年后，许多企业集团失去了生产力优势后，仍然能够继续获得与其生产力不成比例的有利待遇。这种异质性扭曲作为过去产业政策与现实情况不符的产物引致了金融资源结构性错配。行业政策引发的非预期后果，解释了大多数发展中国家经历短暂的增长奇迹并最终导致失败的原因（Easterly et al.，1993；Jones 和 Olken，2008）。即使产业政策能够通过纠正市场失灵来促进发展，但如果政府不能随着时间的推移调整这些政策，行政性的政府干预便可能会阻碍经济的长期增长（Lin 和 Monga，2010）。

我国政府干预主要是通过利率补贴的形式导致金融资源错配。普遍认为，资本往往是同质的投入要素，但在落后经济中，资本却是异质的建筑物、机器、存货或人力。在完善的储蓄市场上，可能只有一种资本收益率和一种适当的贷款利率。然而，由于我国的金融体系不完备，信贷约束为决策者向生产性企业家提供补贴信贷提供了理由，补贴信贷作为信贷市场不完善的补救措施，在实践中发挥了重要作用（McKinnon 和 Grassman，1981；Diaz-Alejandro，1985）。从短期来看，这一针对性的政策具有良好的预期效果，它将资本从非生产性企业重新分配给生产性企业，提高了人均收入、全要素生产率以及资本积累。但随着时间的推移，随着企业家的生产力恢复平均，受到补贴资助的企业并不一定具有最高的产出效率，而进入企业必须支付为信贷补贴提供资金的税收。因此，从长远来看，最初的政策会产生特殊的税收和补贴，政策惯性使得在后来的发展中，税收和补贴导致资源从生产性企业转移至那些只因获得补贴而继续经营的非生产性企业。在平稳均衡中，税收和补贴与总生产率无关，金融资源未按照效率原则进行分配，预期良好的政府政策对总生产率和产出率产生相当大的负面影响。

改革开放以来，中国的金融资源配置经历了中央政府集中分配到中央和地方共同配置的过程，即由集权到分权的转变过程，金融改革使金融体系逐步走向市场化。但由于金融产权结构基本上没有变化，多数以公共金融产权为基础构建金融制度。这虽然增强了金融的稳健性，但也制约了金融效率和金融创新。政府支配信贷资金补贴国有企业的做法带来的不仅仅是国有银行的贷款损失，还对整个社会的信用基础造成了破坏性影响。例如，货币资本配置在国企和民企之间的不平衡与不公平，以及国有银行频繁出现呆账、坏账等，这都会导致金融资源配置失误或扭曲。这些失误不是正常的市场风险造成的，而是由于政府没有把金融当成稀缺的、核心的、战略性的经济资源，仍采取传统的金融"工具论"观念和政策所造成的后果。此外，地方政府为获取和支配最大可能的信贷资金，介入金融资源的配置，利用其政治影响向金融机构施加压力，使市场参与者对政府政策的稳定性和合理性信心不足。这导致了金融资源的不良配置和效率损失，加大了金融市场的风险。

三、本章小结

本章探究了我国金融资源错配的形成机理，发现引致我国金融资源错配的根源既包括信息不对称、利率不合理、要素市场扭曲以及金融摩擦等内在因素，同时也包含金融体系不健全、所有制差异、政府对国企的倾向性公共政策、分税制改革带来的市场分割以及地方政府干预、预算软约束等外在因素和制度因素。然而，在中国转型式经济增长的发展过程中，造成资源错配的市场层面的成因和制度层面的成因不是独立地发挥作用，而是相互交织在一起共同对资源配置效率产生影响。中国目前的金融体系仍然属于国家主导型，国家控股商业银行与国有企业之间的天然联系决定了政府与银行对于国有企业一定程度上的政策倾向，这使拥有较多国有企业的城市信贷增长速度快，信贷规模不断增加。相反，民营企业虽在资本回报率以及企业绩效等方面较好于国有企业，但其在信贷资源可得性和信贷资源成本方面仍处于劣势地位。金融市场本身存在的信息不对称以及金融摩擦，加之二元经济结构导致资本在企业之间的配置扭曲，是我国金融资源错配的根源所在。

因此，在我国现存的金融资源所有权错配、企业规模错配、行业错配以及区域错配的背景下，深化制度改革、促进金融资源配置市场化并辅之以鼓励具有创新潜力的企业发展，是当前缓解金融资源错配的有效途径。首先，进一步推进国有企业混合所有制改革，逐步清理僵尸企业，支持民营企业以及商业银行多元化的发展。通过硬化预算约束转变地方政府和国有企业行为模式。通过打破垄断、简政放权释放私人部门活力，加大对中小企业、民营企业的税收支持政策。通过降低民营银行准入门槛，弱化国有商业银行的垄断优势，促进金融机构体系多元化发展。同时，作为民营企业自身，应在保证较高生产能力的前提下，不断优化公司治理结构，推动投资效率的提高。其次，积极改变依靠扩大金融业务、增设机构的粗放型扩张模式，向以改善金融服务、优化金融结构、提高金融效率的集约型模式转变。推进改革，大力发展股权融资。建立多层次资本市场，创造条件提高直接融资比重。鼓励金融创新，推动融资渠道多元化以降低全社会融资成本，优化社会融资结构。最后，加强监管，强实抑虚。通过减少信贷资金在金融体内的循环、促进资金从表外转移到表内，支持实体经济降低资金成本，以更市场化（而非行政）的方式将有限的金融资源更多配置到更有效率的企业，从而改善实体经济"配置效率空心化"现象，防范系统性金融风险的发生。

第五章　金融资源错配对全要素
生产率的减损效应

改革开放 40 多年来，"要素投入驱动"的粗放型增长模式使我国的经济发展创造了瞩目成就。但在新时期经济转型过程中，投资和出口增长乏力、传统产业产能过剩、不同所有制企业供给与需求不匹配等一系列结构性矛盾使我们逐渐认识到"增长质量提升"以及"经济增长新动力机制"构建的必要性。正是在这样的背景下，"供给侧结构性改革"的出现对于提高经济增长活力，进一步释放经济社会主体的潜力，起到了至关重要的作用。"供给侧结构性改革"强调经济发展必须落在提升供给体系的质量和效率上，即在资源总量一定的情况下，调整配置结构，通过资源的重新分配，纠正因要素市场不完美引致的扭曲，以进一步促进资源配置优化和全要素生产率的提高。

Syrquin（1984）最早探究了资源配置对经济增长的影响。Syrquin 讨论了生产率增长与生产部门组成变化和不平衡市场中的要素使用之间的关系。他将全要素生产率的增长分解为行业全要素生产率的增长和资源的配置效应。通常情况下，资源的重新配置效应只能在总量水平上确定。但当从部门角度汇总总产出时，资源重新配置的总量效应便不是经济增长的唯一来源。结构变化对经济增长的贡献低估了资源转移的影响，从低回报部门向高回报部门的资源重新分配减轻了资源错配的程度，提高了投入要素的平均产出质量。Syrquin 的分析框架虽在一定程度上有助于探究结构变化的作用，但其本身是描述性的，未能明确指出不同行业的资源配置差异及不合理的根源。所以说，其研究也无法明确如何配置资源才能达到最优水平。

近年来，有关资源错配与效率损失关系的文献弥补了 Syrquin 分析的研究空白。这类文献认为，市场的不完美、信息不对称、要素市场扭曲、金融摩擦以及制度性因素都会导致资源配置不会达到最优水平。通过纠正要素和产品扭曲，可以改进资源配置效率。本章通过借鉴 Aoki（2012）基于税态摩擦因子测度资源错配的框架，建立了一个含有部门特定摩擦的多部门竞争均衡模型。在引入要素流动系数以及要素价格相对扭曲系数来表征要素错配水平的基础上，拓展传统 Syrquin 分解，将资源配置效应又分解为资源价格扭曲变动效应和行业份额效应，探讨不同年份、各个行业、不同生产要素的错配程度对全要素生产率及产出效率的减损效应。

一、金融资源错配对全要素生产率减损效应的理论模型

（一）模型的基本设定

在本章模型设定部分，借鉴 Aoki（2012）[①] 的研究，将特定部门的摩擦定义为对要素投入所征税收，企业是价格接受者，对于所使用的资本和劳动力支付线性税收。同时，引入要素相对价格扭曲系数，来探究要素价格扭曲所致资源错配对于全要素生产率及产出效率的效应。

1. M 行业生产问题

假定经济中存在 M 个行业部门。每个部门的企业所生产出的产品在部门内具有同质性，而在部门间具有异质性。所有企业需要两种要素投入：资本 K 和劳

---

① Aoki（2012）构建了一个含有部门特定摩擦的多部门竞争均衡模型。其中，摩擦是以部门要素投入的税收形式纳入模型中的，且每个企业都是静态的。Aoki 认为每个部门多种类型的摩擦与该部门要素投入的税收是同构的。

动力 L。每个企业在产品市场和要素市场上均为价格接受者，价格企业面临的价格是扭曲的，且扭曲以从价税的方式体现，企业需要对其资本和劳动力投入支付线性税收。那么，行业 i 中企业所生产的产品价格为 p_i，资本和劳动力投入成本为 $(1+\eta_{K_i})p_K$ 和 $(1+\eta_{L_i})p_L$，其中，η_{K_i} 和 η_{L_i} 是行业 i 中资本扭曲"税"和劳动力扭曲"税"，p_K 和 p_L 是资本和劳动力的要素价格水平。由于不同行业生产出的产品不同，因此产品价格 p_i 在行业间存在差异。此外，由于资本和劳动力价格在同一行业内是相同的，如果 η_{K_i} 和 η_{L_i} 均为 0，那么每个企业面临的要素投入成本应相等。因此，我们假设同一个行业内所有企业的生产函数是相同的，每个行业可以由一个代表性的企业来进行生产，而不同行业的生产函数是不同的。

假定行业 i 内企业的生产函数为

$$Y_i = F_i(K_i, L_i) = A_i K_i^{\alpha_i} L_i^{\beta_i} \tag{5.1}$$

在式（5.1）中，Y_i 为产出，K_i 为资本要素投入，L_i 为劳动力要素投入，A_i 为企业的全要素生产率，a_i 为资本弹性，β_i 为劳动力弹性。假定不同行业的资本弹性和劳动力弹性不同。

企业目标为利润最大化，即

$$\max_{K_i, L_i} \left\lfloor p_i F_i(K_i, L_i) - (1+\eta_{K_i})p_K K_i - (1+\eta_{L_i})p_L L_i \right\rfloor \tag{5.2}$$

根据一阶条件可得，

$$p_i A_i \alpha_i K_i^{\alpha_i-1} L_i^{\beta_i} = (1+\eta_{K_i})p_K \tag{5.3}$$

$$p_i A_i \beta_i K_i^{\alpha_i} L_i^{\beta_i-1} = (1+\eta_{L_i})p_L \tag{5.4}$$

式（5.3）、式（5.4）中，左侧分别表示资本和劳动力的边际收益，右侧分别表示资本和劳动力的边际成本，根据利润最大化原理，边际收益与边际成本相等。η_{K_i} 和 η_{L_i} 是资本扭曲"税"和劳动力扭曲"税"，$1+\eta_{K_i}$ 和 $1+\eta_{L_i}$ 则表示要素价格加成，本书将 $(1+\eta_{K_i})^{-1}$ 和 $(1+\eta_{L_i})^{-1}$ 分别定义为 i 行业资本和劳动力的绝对扭曲系数 ρ_{K_i} 和 ρ_{L_i}，即以不完全市场竞争条件下价格扭曲程度的倒数来衡量行业资本和劳动力流动性。以资本的绝对扭曲系数为例，当 $\rho_{K_i}=1$ 时，$\dfrac{1}{1+\eta_{K_i}}=1$，说明 η_{K_i} 为 0，资本扭曲"税"为 0，资本在行业间可以自由流动，不存在由资本价格扭曲导致的资本错配。当 $0<\rho_{K_i}<1$ 时，$1+\eta_{K_i}>1$，此时资本扭曲"税"为正，说明资本扭曲导致资本价格高于正常水平，资本的流动性差，资本错配严重。在该条件下的资本扭曲系数 ρ_{K_i} 越小，说明不完全竞争条件下的资本价格扭曲程度越高，资本价格扭曲所导致的资本错配现象越严重。当 $\rho_{K_i}>1$ 时，$1+\eta_{K_i}<1$，资本价格低于正常水平，该情况下的资本扭曲系数 ρ_{K_i} 越大，说明资本价格扭曲程度越高，由资本价格扭曲导致的资本错配现象越严重。同理，按照同样的分析方法可得出劳动力扭曲系数以及劳动力错配水平的大小。

2. 加总生产函数

假定加总生产函数如下：

$$Y=Y(Y_1，\cdots，Y_M) \tag{5.5}$$

当满足一阶条件，为

$$\frac{\partial Y}{\partial Y_i}=p_i \tag{5.6}$$

根据欧拉定理，有

$$Y=\sum_i^M P_i Y_i \tag{5.7}$$

式（5.7）说明了通过对行业 i 的产量与产品价格的乘积进行加权，即得到经济总产值。

3. 资源约束条件

假定总资本和总劳动力是外生的，那么资源约束条件为

$$\sum_i^M K_i=K \tag{5.8}$$

$$\sum_i^M L_i=L \tag{5.9}$$

相应地，K 和 L 分别为总资本和总劳动力。

4. 均衡关系

下面，我们可以定义一个经济的竞争均衡。

定义：假定 M 个行业的全要素生产率和扭曲税 $\{A_i，1+\eta_{K_i}，1+\eta_{L_i}\}$ 以及总资本 K 和总劳动力 L 是给定的，那么，竞争均衡关系则是产出、资本、劳动力以及 M 个行业产品价格的组合 $\{Y_i，K_i，L_i，p_i\}$。总产值 Y，要素价格 p_K 和 p_L 满

足以下条件：

第一，M 个行业中的企业满足一阶条件即式（5.3）和式（5.4）；

第二，整个经济的总产值取决于各个行业的产值即式（5.5）、式（5.6）和式（5.7）；

第三，资源约束条件即式（5.8）和式（5.9）。

以资本为例，运用均衡条件，并结合式（5.3）和式（5.8），进一步求得 K_i

$$
K_i = \frac{\dfrac{(1+\eta_{K_i})p_K K_i}{(1+\eta_{K_i})p_K}}{\displaystyle\sum_j \dfrac{(1+\eta_{K_j})p_K K_j}{(1+\eta_{K_j})p_K}} K
$$

$$
= \frac{p_i Y_i \alpha_i \dfrac{1}{(1+\eta_{K_i})p_K}}{\displaystyle\sum_j p_j Y_j \alpha_j \dfrac{1}{(1+\eta_{K_j})p_K}} K
$$

$$
= \frac{\mu_i \alpha_i \dfrac{1}{1+\eta_{K_i}}}{\displaystyle\sum_j \mu_j \alpha_j \dfrac{1}{1+\eta_{K_i}}} K
$$

其中，μ_i 为行业 i 产值占经济总体产值的份额，$\mu_i = p_i Y_i / Y$，将上式进一步变形：

$$
K_i = \frac{\mu_i \alpha_i}{\tilde{\alpha}} \tilde{\rho}_{K_i} K \tag{5.10}
$$

式（5.10）中，$\tilde{\alpha} = \sum_i \mu_i \alpha_i$，为资本产出弹性系数与行业产值份额乘积的加权和。$\tilde{\rho}_{K_i}$ 为行业 i 的资本相对扭曲系数，它取决于行业 i 的产值份额、资本产出弹性以及资本绝对扭曲系数，即

$$
\tilde{\rho}_{K_i} = \frac{\rho_{K_i}}{\displaystyle\sum_j \left(\dfrac{\mu_j \alpha_j}{\tilde{\alpha}}\right)\rho_{K_j}}, \quad \rho_{K_i} = \frac{1}{1+\eta_{K_i}} \tag{5.11}
$$

根据式（5.11）可知，资本的相对扭曲系数 $\tilde{\rho}_{K_i}$ 是资本的绝对扭曲系数与根

据产值份额加权的各行业绝对扭曲系数平均水平的比值。根据式（5.10）可得出，资本的相对扭曲系数表达式，即

$$\tilde{\rho}_{K_i} = \frac{\dfrac{K_i}{K}}{\dfrac{\mu_i \alpha_i}{\tilde{\alpha}}} \tag{5.12}$$

其中，在分子部分，K_i/K 表示行业 i 资本的使用量占经济中所有行业的总资本使用量的实际比例，而 $\mu_i \alpha_i/\tilde{\alpha}$ 表示资本有效配置时行业 i 资本的使用量占经济中所有行业的总资本使用量的理论比例，实际比例与理论比例的比值代表行业 i 资本错配的程度。若该比值大于 1，说明资本使用的实际比例超出了理论比例，则为过度使用了资本；若该比值小于 1，说明资本使用的实际比例未达到理论比例，则为使用资本不足；若该比值等于 1，说明行业 i 使用资本的实际比例与其理论比例相吻合，说明资本有效配置。理论上来讲，当行业 i 资本的使用成本偏低，则 $\tilde{\rho}_{K_i} > 1$，这就会导致该行业以较低的价格过度使用资本；反之，当行业 i 资本的使用成本偏高，则 $\tilde{\rho}_{K_i} < 1$，这就会导致该行业面临较高的价格，以致资本使用不足。因此，资本相对扭曲系数并非越大或者越小越好，过大或过小都会导致该行业存在资本错配，行业资本的合理配置水平应是占用与其资本贡献度相匹配的水平。通过式（5.12），我们将不可见的资本价格扭曲系数通过可见的方式表示，并进一步建立起了资本使用成本扭曲和资本错配的联系。

同理，根据式（5.4）和式（5.9）以及劳动力错配水平的测度方法，同样可得出劳动力的均衡配置以及劳动力的相对扭曲系数，即

$$L_i = \frac{\mu_i \beta_i}{\tilde{\beta}} \tilde{\rho}_{L_i} L \tag{5.13}$$

$$\tilde{\rho}_{L_i} = \frac{L_i/L}{\mu_i \beta_i/\tilde{\beta}} \tag{5.14}$$

（二）拓展 Syrquin 的产出分解

为了分析资本错配和劳动力错配对全要素生产率以及产出效率的影响，本书

借鉴陈永伟和胡伟民（2011）[①] 的分析，首先将式（5.12）和式（5.13）代入式（5.1），得出

$$Y_i = A_i \left(\frac{\mu_i \alpha_i}{\tilde{\alpha}} \tilde{\rho}_{K_i} K \right)^{\alpha_i} \left(\frac{\mu_i \beta_i}{\tilde{\beta}} \tilde{\rho}_{L_i} L \right)^{\beta_i} \tag{5.15}$$

等式左右两侧同时取对数形式，得

$$\ln Y_i = \ln A_i + \ln \left[\mu_i \left(\frac{\alpha_i}{\tilde{\alpha}} \right)^{\alpha_i} \left(\frac{\beta_i}{\tilde{\beta}} \right)^{\beta_i} \right] + (\alpha_i \ln \tilde{\rho}_{K_i} + \beta_i \ln \tilde{\rho}_{L_i}) + (\alpha_i \ln K + \beta_i \ln L) \tag{5.16}$$

由式（5.16）可知，产出效率不仅取决于全要素生产率、要素投入以及产出份额的大小，还取决于行业所面临的资本和劳动力价格扭曲。在保持其他三个因素不变的情况下，要素价格扭曲程度的改变，对产出效率的状况起到至关重要的作用。

为了分析资源错配对全要素生产率以及总产出效率的影响，借鉴姚毓春等（2014）[②] 的研究，根据平均值定理，结合式（5.6）和式（5.7）可得经济产出的变化量，

$$\Delta \ln Y_t = \ln Y_t - \ln Y_{t-1} = \ln \left(\frac{Y_t}{Y_{t-1}} \right) = \sum_i \frac{\partial \ln Y}{\partial \ln Y_i} \ln \left(\frac{Y_{i,t}}{Y_{i,t-1}} \right) = \sum_i \bar{\mu}_{i,t} \ln \left(\frac{Y_{i,t}}{Y_{i,t-1}} \right) \tag{5.17}$$

其中，$\bar{\mu}_i = \dfrac{(\mu_{i,t} + \mu_{i,t-1})}{2}$。

将式（5.1）、式（5.10）和式（5.13）代入式（5.17）得

$$\Delta \ln Y_t = \ln Y_t - \ln Y_{t-1}$$

$$= \sum_i \bar{\mu}_{i,t} \ln \left(\frac{Y_{i,t}}{Y_{i,t-1}} \right)$$

$$= \sum_i \bar{\mu}_{i,t} \Delta \ln A_{i,t} + \sum_i \bar{\mu}_{i,t} \ln \left[\frac{\dfrac{\mu_{i,t}}{\mu_{i,t-1}}}{\left(\dfrac{\tilde{\alpha}_{i,t}}{\tilde{\alpha}_{i,t-1}} \right)^{\alpha_i} \left(\dfrac{\tilde{\beta}_{i,t}}{\tilde{\beta}_{i,t-1}} \right)^{\beta_i}} \right] +$$

---

① 陈永伟和胡伟民（2011）在带有扭曲的竞争均衡下，建立起要素价格扭曲同产出之间的关系。研究认为，单个行业的产出不仅和该行业使用的要素数量及行业的生产率水平相关，同时还取决于其面临的要素使用成本的扭曲状况。

② 姚毓春等（2014）在分析行业要素配置效率对产出效率的影响过程中，将分行业产出与总产出相结合，采用中值定理计算相邻两期经济产出的变化量。

$$\sum_i \overline{\mu}_{i,\,t}\left[\alpha_i\ln\left(\frac{\tilde{\rho}_{K_{i,\,t}}}{\tilde{\rho}_{K_{i,\,t-1}}}\right)+\beta_i\ln\left(\frac{\tilde{\rho}_{L_{i,\,t}}}{\tilde{\rho}_{L_{i,\,t-1}}}\right)\right]+\left[\overline{\alpha}_t\ln\left(\frac{K_t}{K_{t-1}}\right)+\overline{\beta}_t\ln\left(\frac{L_t}{L_{t-1}}\right)\right]$$

$$(5.18)$$

其中，$\overline{\alpha}=\sum_i\overline{\mu}_i\alpha_i$。

根据 TFP 的定义，可得出 TFP 的表达式为：

$$TFP_t=\sum_i\overline{\mu}_{i,\,t}\Delta\ln Y_{i,\,t}-\overline{\alpha}_t\Delta\ln K_t-\overline{\beta}_t\Delta\ln L_t \tag{5.19}$$

根据式（5.18）和式（5.19）可得：

$$TFP_t=\sum_i\overline{\mu}_{i,\,t}\Delta\ln A_{i,\,t}+\sum_i\overline{\mu}_{i,\,t}\ln\left[\frac{\mu_{i,\,t}}{\mu_{i,\,t-1}}\bigg/\left(\frac{\tilde{\alpha}_{i,\,t}}{\tilde{\alpha}_{i,\,t-1}}\right)^{\alpha_i}\left(\frac{\tilde{\beta}_{i,\,t}}{\tilde{\beta}_{i,\,t-1}}\right)^{\beta_i}\right]+$$

$$\sum_i\overline{\mu}_{i,\,t}\left[\alpha_i\ln\left(\frac{\tilde{\rho}_{K_{i,\,t}}}{\tilde{\rho}_{K_{i,\,t-1}}}\right)+\beta_i\ln\left(\frac{\tilde{\rho}_{L_{i,\,t}}}{\tilde{\rho}_{L_{i,\,t-1}}}\right)\right] \tag{5.20}$$

因此，依据式（5.18）、式（5.20），产出效率变动率可分解为全要素生产率的变动 TFP 以及要素投入 FIP 的变动，而全要素生产率的变动又进一步分解为三部分，包括行业 TFP 变动的贡献 STFP，产出份额变动的贡献 SIT 以及可用来衡量资源错配程度的资源配置效率 FPM。具体表达如下：

要素投入变动的贡献：$FIP_t=\left[\overline{\alpha}_t\ln\left(\frac{K_t}{K_{t-1}}\right)+\overline{\beta}_t\ln\left(\frac{L_t}{L_{t-1}}\right)\right]$

行业 TFP 变动的贡献：$STFP_t=\sum_i\overline{\mu}_{i,\,t}\Delta\ln A_{i,\,t}$

产出份额变动的贡献：$SIT_t=\sum_i\overline{\mu}_{i,\,t}\ln\left[\frac{\mu_{i,\,t}}{\mu_{i,\,t-1}}\bigg/\left(\frac{\tilde{\alpha}_{i,\,t}}{\tilde{\alpha}_{i,\,t-1}}\right)^{\alpha_i}\left(\frac{\tilde{\beta}_{i,\,t}}{\tilde{\beta}_{i,\,t-1}}\right)^{\beta_i}\right]$

资源配置效率：$FPM_t=\sum_i\overline{\mu}_{i,\,t}\left[\alpha_i\ln\left(\frac{\tilde{\rho}_{k_{i,\,t}}}{\tilde{\rho}_{k_{i,\,t-1}}}\right)+\beta_i\ln\left(\frac{\tilde{\rho}_{L_{i,\,t}}}{\tilde{\rho}_{L_{i,\,t-1}}}\right)\right]$

资源配置效率用于分析产业间要素流动引发的配置效率变化对经济总产出的影响，即要素价格扭曲变动的贡献。如果资源配置效率值小于 0，说明与前期资源重新配置状态相比，本期的资源在不同产业间配置不合理，资源错配阻碍了经济增长；反过来，如果资源配置效率值大于 0，说明产业间资源配置效率被提升了。当资源配置效率值为 0 时，说明本期配置效率与前期无差别。

（三）要素扭曲的产出缺口

为了进一步将要素相对扭曲系数与产出结合在一起，研究要素错配对产出的影响，我们分别计算要素扭曲状态下的均衡产出以及资源完全有效配置下的有效产出，并将二者相比，即

$$\left(\frac{Y}{Y'}\right)_t = \prod_{i=1}^{M} \left[\frac{\left(\frac{\mu_{i,t}\alpha_i}{\widetilde{\alpha}_t}\widetilde{\rho}_{K_{i,t}}K_t\right)^{\alpha_i}\left(\frac{\mu_{i,t}\beta_i}{\widetilde{\beta}_t}\widetilde{\rho}_{L_{i,t}}L_t\right)^{\beta_i}}{\left(\frac{\mu_{i,t}\alpha_i}{\widetilde{\alpha}_t}K_t\right)^{\alpha_i}\left(\frac{\mu_{i,t}\beta_i}{\widetilde{\beta}_t}L_t\right)^{\beta_i}} \right]^{\mu_{i,t}}$$

$$= \prod_{i=1}^{M} \left((\widetilde{\rho}_{K_{i,t}})^{\alpha_i}(\widetilde{\rho}_{L_{i,t}})^{\beta_i} \right)^{\mu_{i,t}} \tag{5.21}$$

在式（5.21）中，Y表示存在要素价格扭曲情况下的产出，Y'表示资源有效配置、不存在要素价格扭曲情况下的有效产出，即当$\widetilde{\rho}=1$时，生产要素在产业间可以自由流动，无资源流动障碍时的产出。(Y/Y')为实际产出与有效产出的比值，一般情况下，该比值小于1，越接近于1表明实际产出与有效产出之间的缺口越小。因此，由要素错配导致的实际产出与潜在产出之间的缺口可以表示为该比值与1的差额。

（四）行业要素错配对全要素生产率和产出的影响

当一个行业的要素相对价格扭曲变动后，其他行业的要素相对价格扭曲也会随之改变。因此，为了深入探究资本错配和劳动力错配对全要素生产率以及产出效率的影响，本书借鉴 Aoki（2012）的研究，保持行业i的要素投入处于价格扭曲情况下的真实值，而经济中的其余各行业的要素投入保持有效配置。那么，扭曲的唯一来源便是行业i。简要来讲，将经济中所有行业分为两大类，即i行业和其他非i行业。行业i的相对扭曲系数不变，非i行业的相对扭曲系数均相等，假定行业份额$\mu_{i,t}$保持固定，那么此时的资源配置效率的变化仅由行业i引起。

以资本为例，根据式（5.10），可以求得非i行业的资本投入和资本相对扭曲系数，即

$$K_{-i,t} = K_t - K_{i,t} = \sum_{n \neq i} K_{n,t} = \sum_{n \neq i} \frac{\mu_n \alpha_n}{\widetilde{\alpha}} \widetilde{\rho}_{K_{-i,t}} K_t \tag{5.22}$$

$$\widetilde{\rho}_{K_{-i,t}} = \left(\frac{\mu_{-i,t} \alpha_{-i,t}}{\widetilde{\alpha}_t} \right)^{-1} \frac{K_{-i,t}}{K_t} \tag{5.23}$$

其中，$\mu_{-i,t} = 1 - \mu_{i,t}$，$\alpha_{-i,t} = \sum_{n \neq i} (\mu_{n,t}/(1 - \mu_{i,t})) \alpha_{n,t}$，那么，进一步可求得资源配置效率中的资本错配的贡献 $CPM_{i,t}$，

$$CPM_{i,t} = \overline{\mu}_{i,t} \alpha_{i,t} \ln \left(\frac{\widetilde{\rho}_{K_{i,t}}}{\widetilde{\rho}_{K_{i,t-1}}} \right) + \overline{\mu}_{-i,t} \overline{\alpha}_{-i,t} \ln \left(\frac{\widetilde{\rho}_{K_{-i,t}}}{\widetilde{\rho}_{K_{-i,t-1}}} \right) \tag{5.24}$$

其中，$\overline{\mu}_{-i,t} = 1 - \overline{\mu}_{i,t}$，$\overline{\alpha}_{-i,t} = \sum_{n \neq i} (\overline{\mu}_{n,t}/(1 - \overline{\mu}_{i,t})) \alpha_{n,t}$。

运用同样的方法，可以求得非 i 行业的劳动力投入以及劳动力相对扭曲系数，并进一步求得行业 i 的劳动力错配的贡献 LPM，即

$$L_{-i,t} = L_t - L_{i,t} = \sum_{n \neq i} L_{n,t} = \sum_{n \neq i} \frac{\mu_n \beta_n}{\widetilde{\beta}} \widetilde{\rho}_{L_{-i,t}} L_t \tag{5.25}$$

$$\widetilde{\rho}_{L_{-i,t}} = \left(\frac{\mu_{-i,t} \beta_{-i,t}}{\widetilde{\beta}_t} \right)^{-1} \frac{L_{-i,t}}{L_t} \tag{5.26}$$

$$LPM_{i,t} = \overline{\mu}_{i,t} \beta_{i,t} \ln \left(\frac{\widetilde{\rho}_{L_{i,t}}}{\widetilde{\rho}_{L_{i,t-1}}} \right) + \overline{\mu}_{-i,t} \overline{\beta}_{-i,t} \ln \left(\frac{\widetilde{\rho}_{L_{-i,t}}}{\widetilde{\rho}_{L_{-i,t-1}}} \right) \tag{5.27}$$

容易证明，$\sum_{i=1}^{M} (CPM_{i,t} + LPM_{i,t})$ 近似等式（5.20）中的第三项。说明资本配置效率和劳动力配置效率也是可加的。

二、金融资源错配对全要素生产率减损效应的实证研究

（一）我国全要素生产率估计

为了有效估计全要素生产率，首先要对生产函数进行估计，运用 LP 估计方

法求得资本产出弹性 α_i 和劳动力产出弹性 β_i，并进一步将弹性代入生产函数式中，求得全要素生产率。

1. 资料来源及指标选取

本章选取了 2008～2017 年我国沪深两市 A 股上市公司为研究样本。其中，剔除以下公司：金融类上市公司；ST 类上市公司和 PT 类上市公司。此外，根据证监会行业分类，将 19 个行业中数据缺失和异常的企业所在行业剔除，剩余"采矿业""电力、热力、燃气及水生产和供应业""房地产业""建筑业""交通运输、仓储和邮政业""教育""农、林、牧、渔业""批发和零售业""水利、环境和公共设施管理业""卫生和社会工作""信息传输、软件和信息技术服务业""制造业""住宿和餐饮业""综合""租赁和商务服务业"15 个行业。最终得到 3044 家企业、30440 个观测值。样本企业的财务数据来自 Wind 数据库。

在本书的指标选取中，借鉴陈永伟和胡伟民（2011）以及谢呈阳等（2014），采用营业收入来衡量企业产出，固定资产净值衡量企业的资本投入、企业的员工人数来衡量劳动力投入、企业购买商品及接受劳务支付的现金衡量中间产品投入。表 5.1 给出了不同行业的变量描述性统计。通过对目前 15 个行业上市公司的变量描述性统计可知，在资本投入方面，"采矿业"处于最高位置，"教育业"处于最低位置，同时，"采矿业"的产出值也高于其他行业，而"教育业"的产出值处于较低水平。在劳动力投入方面，"采矿业"的劳动力投入最多，占行业总劳动力的 29.5%，而"水利、环境和公共设施管理业"的劳动力投入较少，仅占 1.7%。这一现象本书将在后文展开分析。

表 5.1　不同行业的变量描述性统计

行业＼指标	产出	资本投入	劳动力投入	中间品投入
采矿业	6861225.003 （34204368.209）	2441145.452 （9940406.583）	27044.49 （79387.38）	5472242.014 （29303229.58）
电力、热力、燃气及水生产和供应业	690368.597 （1607683.729）	1283793.329 （3299072.626）	3502.176 （5674.748）	459541.0971 （1170855.312）

续表

行业 \ 指标	产出	资本投入	劳动力投入	中间品投入
房地产业	712140.484 (2193835.704)	59462.825 (153342.977)	3039.254 (6791.401)	662216.859 (2068473.754)
建筑业	2120714.318 (8768023.978)	176143.045 (639630.188)	15302.49 (48552.68)	2591463.950 (9438780.918)
交通运输、 仓储和邮政业	791887.848 (1852354.985)	943177.270 (2308202.110)	7735.222 (16820.19)	528821.678 (1394170.841)
教育	78305.242 (50181.563)	23697.743 (19985.733)	3039.882 (1825.586)	27576.891 (23111.584)
农、林、 牧、渔业	245174.135 (621241.509)	88933.076 (162423.639)	5058.634 (11609.62)	188867.150 (457157.283)
批发和零售业	1177648.090 (2438921.653)	98861.209 (184828.556)	5076.733 (8497.225)	1178755.123 (2584427.755)
水利、环境和 公共设施管理业	85617.574 (135013.108)	38532.027 (69447.318)	1576.816 (4560.704)	43699.427 (71755.502)
卫生和社会工作	144450.482 (150562.712)	39247.494 (51585.217)	4472.365 (5715.963)	81839.040 (100229.627)
信息传输、软件和 信息技术服务业	197939.546 (1586629.614)	166110.291 (2189206.930)	2828.105 (15492.21)	111350.177 (843994.385)
制造业	392213.014 (1713363.412)	130495.477 (513579.392)	3921.415 (9305.466)	300282.756 (1607502.617)
住宿和餐饮业	160244.365 (227721.393)	115244.809 (149456.612)	5171.975 (7041.361)	63327.100 (91222.094)
综合	146951.515 (147398.163)	44953.974 (52492.119)	1811.986 (1967.045)	123313.842 (138962.5148)
租赁和 商务服务业	441539.265 (1392627.525)	44184.500 (96156.241)	1940.567 (2801.613)	427748.105 (1571518.078)

注：①劳动力投入的单位为"人"，其他经济指标的单位为"万元"。②表中数据为分行业样本均值，括号内为标准差。

2. 估计方法

全要素生产率增长的测度一直是许多实证研究的主题。全要素生产率作为产出的一部分，不能单纯用生产中的投入量来解释，其水平取决于生产中投入要素使用的有效性。TFP增长通常通过Solow残差来测量。在生产函数基于新古典经济学假设，要素市场完全竞争以及投入要素的增长率准确测量的前提下，Solow 残差能够精准衡量 TFP 增长。在 Solow（1956）具有里程碑意义的研究基础上，众多学者研究发现实现 TFP 内生化增长时概念层次上难以突破的是如何在完全竞争的经济中支付固定的创新成本，并在资本和劳动力方面实现不断的规模收益。在非常规规模收益约束的情况下，TFP 增长可以分解为技术效应和规模效应，对此必须对基础生产技术进行估算。

在估计全要素生产率之前，通常要对生产函数的形式进行设定。Cobb-Douglas 生产函数最为常用，C-D 生产函数采用以下形式：

$$Y_{it} = A_{it} K_{it}^{\alpha} L_{it}^{\beta} \tag{5.28}$$

其中，产出用 Y_{it} 来表示，L_{it} 和 K_{it} 分别代表劳动力要素投入和资本要素投入，A_{it} 为全要素生产率（TFP）。通过对式（5.28）取对数可以将其转化为如下线性形式：

$$y_{it} = \alpha k_{it} + \beta l_{it} + \varepsilon_{it} \tag{5.29}$$

其中，y_{it}、k_{it} 和 l_{it} 分别表示产出、资本投入以及劳动力投入的对数形式。残差项包含了企业全要素生产率对数形式的信息。通常可以对式（5.29）进行估计从而获得全要素生产率的估计值。

Diewert（1974）将众多测度全要素生产率的方法分类为生产函数估计法、成本函数估计法、距离函数估计法、非参数指数法、精确指数法以及使用线性规划的非参估计法。在传统的生产函数参数估计中，样本选择和同时性问题会使得估计结果存在较大偏差。Marschak 和 Andrews（1944）提出，样本选择和同时性问题已成为困扰经典生产函数的重要问题。研究者们探究在生产函数参数估计的过程中，要素投入水平与未被观测到的企业特定层面冲击存在潜在的关联性。通常情况下，具有较大正面生产力冲击的企业会更多地进行要素投入，那么，在这种情形下，运用普通最小二乘法 OLS 来估计生产函数会对参数产生偏误，进而导致生产率的偏差估计。固定效应估计方法要求生产率冲击的组成部分不随时间而改变，而工具变量方法则要求工具变量与企业层面的要素投入选择相关联，并与生产率冲击正交，这导致有效工具变量选择的难度加大。由于 TFP 增长取决于基础技术功能形式的选择，因此，以灵活的方式将技术具体化则非常重要（Baltagi 和

Griffin，1988）。非参数或半参数模型在捕获底层技术异质性方面存在显著优势。Olley 和 Fakes（1996）开发了一种新方法，他们提出将生产技术中连续相关的未观测到的冲击运用投资来代替，并展示了如何使用投资来控制要素投入水平与未观测到的企业特定层面生产率冲击之间的相关性。OP 估计方法的一个假设前提是要求作为代理变量的投资与总产出之间保持线性关系，这样一来，某些存在于现实情况中投资额为零的样本在估计的过程中便被忽略，会影响估计结果的稳定性。Levinsohn 和 Petrin（2003）针对这一个问题，指出，不仅投资可以解决同时性偏差问题，中间投入品也同样可以解决这一问题，而且相比于投资而言，运用中间投入品作为代理变量存在三个潜在优势：

第一，中间投入通常会影响整个生产期限，而投资只对未观测部分中的"新增部分"做出反应。出现这种情况有两个原因，如果说资本投入已经调整至生产力过程的"可预测部分"，那么投资代理将仅考虑"不可预测部分"。此外，生产率可以通过两个组成部分来表征，一部分是投资响应的连续相关组成部分，另一部分是可变要素选择将做出响应的，随时间变化的企业冲击。在这两种情况下，将投资作为代理变量仅考虑资本响应的生产力期限部分，而误差项和回归项之间的相关性仍将保留。但若将中间产品投入作为代理变量，它通常能够响应整个冲击，从而恢复一致性。

第二，通常情况下，由于中间投入品不是状态变量，那么，它可以在估计策略和经济理论之间建立更简单的联系。Levinsohn 和 Petrin（2003）进一步将这一联系予以发展，并证明了中间投入品是生产率冲击的有效代理变量。

第三，严格的数据驱动。事实证明，投资代理变量仅适用于报告非零投资的企业。我们考虑若排除"零投资"企业，那么可能会引起截断性偏差，而使用中间投入品作为代理变量的话可以避免在资本调整成本显著的行业大量企业数据被截断。原材料作为中间投入品重要的构成部分，通常会在企业报告中有所提及。

根据前文介绍的方法，我们借鉴 Levinsohn 和 Petrin（2003）的研究，估计如下生产函数：

$$y_{it} = \beta_{i0} + \alpha_i k_{it} + \beta_i l_{it} + \gamma_i m_{it} + \omega_{it} + \delta_{it} \tag{5.30}$$

其中，l_{it} 为自由变量劳动力投入，k_{it} 为状态变量资本投入，m_{it} 为中间投入品，ω 为生产率冲击，η 为对要素投入不做出反应的冲击。

3. 估计结果

利用 LP 的自举法，对样本企业进行反复抽样，采用样本估计参数的方差平方根计算标准差。通过以上计算，得出企业全要素生产率。为了验证 LP 方法的估计效果，在表 5.2 中也同时列出了 OLS 的估计结果。

表 5.2　TFP 计算：行业生产函数的估计

行业名称	劳动力产出弹性		资本产出弹性		LP：劳动力产出弹性与资本产出弹性之和
	LP	OLS	LP	OLS	
采矿业	0.242*** (0.044)	0.202*** (0.018)	0.497*** (0.117)	0.221*** (0.0173)	0.739
电力、热力、燃气及水生产和供应业	0.096*** (0.024)	0.084*** (0.014)	0.345*** (0.056)	0.311*** (0.008)	0.442
房地产业	0.167*** (0.032)	0.188*** (0.021)	0.216*** (0.053)	0.031** (0.015)	0.383
建筑业	0.102*** (0.025)	0.129*** (0.017)	0.147** (0.072)	0.017 (0.011)	0.250
交通运输、仓储和邮政业	0.175*** (0.028)	0.172*** (0.013)	0.371*** (0.060)	0.230*** (0.010)	0.546
教育	0.387** (0.162)	0.375*** (0.061)	0.966*** (0.157)	0.852*** (0.180)	1.354
农、林、牧、渔业	0.053* (0.031)	0.075*** (0.019)	0.256*** (0.067)	0.122*** (0.018)	0.310
批发和零售业	0.053*** (0.012)	0.050*** (0.006)	0.333*** (0.079)	0.039*** (0.006)	0.386
水利、环境和公共设施管理业	0.185** (0.074)	0.207*** (0.038)	0.387** (0.193)	0.090*** (0.023)	0.573
卫生和社会工作	0.396*** (0.113)	0.397*** (0.057)	0.268** (0.106)	0.053 (0.056)	0.664
信息传输、软件和信息技术服务业	0.376*** (0.033)	0.420*** (0.012)	0.030 (0.036)	0.011 (0.008)	0.407

行业名称	劳动力产出弹性		资本产出弹性		LP：劳动力产出弹性与资本产出弹性之和
	LP	OLS	LP	OLS	
制造业	0.193 *** (0.012)	0.192 *** (0.004)	0.245 *** (0.029)	0.121 *** (0.003)	0.438
住宿和餐饮业	0.340 ** (0.140)	0.296 *** (0.038)	0.332 (0.350)	0.197 *** (0.031)	0.672
综合	0.082 (0.057)	0.076 ** (0.036)	0.196 ** (0.080)	0.106 *** (0.032)	0.478
租赁和商务服务业	0.160 *** (0.046)	0.142 *** (0.029)	0.104 ** (0.053)	0.023 (0.016)	0.264

注：括号内为标准差；***、**、*分别表示在1%、5%和10%的显著性水平上显著。

从表5.2可以看出，本书运用LP方法测算资本产出弹性和劳动力产出弹性，同时，计算出资本产出弹性和劳动力产出弹性之和。在这些行业中，劳动力产出弹性和资本产出弹性之和的均值为0.527，最大值出现在教育业，最小值出现在建筑业。进一步将二者之和的大小进行归类，小于0.9的行业归为规模报酬递减，大于0.9且小于1的归为规模报酬不变，超过1归为规模报酬递增。可以看出，在上述15种行业中，规模报酬递减行业占据主导。这一估计结果与理论推断相近，说明本书的原始数据处理过程较为合理，估计结果具有较高的可信度。

在估计生产函数的基础上，我们进一步根据式（5.29）对每个企业的全要素生产率进行估计。从理论上而言，不同企业间、不同行业间的技术选择是无法比较的，这便加大了计算总体全要素生产率的难度。现有文献针对该问题提出了两种解决方式：第一种也是比较常见的方式是直接加总企业层面全要素生产率，从而得到行业层面全要素生产率。例如，Brandt等（2013）、Hsieh和Klenow（2009）的研究便采用了这种方式。在加总的过程中，权数可以是工业总产值、工业增加值或者是员工总数等；另外一种方式是，假定各个企业的替代弹性存在差异，那么在CES函数的假设前提下给定企业权数，进一步计算行业总全要素生产率。本书采用第一种方式，即直接加权各企业全要素生产率从而得到行业总的全要素生产率，总产值和员工人数作为权重进行衡量。计算结果在表 5.3 和表 5.4 中进行列示，发现不同行业间的全要素生产率的水平存在较大差异。

在表 5.3 中，"信息传输、软件和信息技术服务业"的 TFP 水平在每一个观测年份处于较高位置，但是在观测时间段内增加幅度不大；"建筑业"在 2008 年的全要素生产率较低，TFP（对数）值仅为 9.904，但是在 2008~2017 这十年间大幅度上升，至 2017 年已经达到 21.809；而"教育"的全要素生产率水平较低，虽然在这几年内经历了先上涨后下降的倒"U"形变化，但整体的 TFP 水平和其他行业相比仍然较低。

在表 5.4 中，"建筑业""信息传输、软件和信息技术服务业""租赁和商务服务业"的全要素生产率都处于较高位置，但是在观测期间内变化幅度不大；"批发和零售业"在 2008 年仅为 13.239，处于中等偏低水平，但在这十年间提升至 2017 年的 16.229，位居中等偏高水平；而"教育"的全要素生产率水平最低，虽然在这几年间有过小幅提升，但总体看来仍然很低。

表 5.3　以总产出作为权重的行业 TFP（对数）

年份 行业	2008	2009	2010	2011	2012	2013	2014	2015	2016	2017
采矿业	11.218	11.025	11.278	11.514	11.635	11.630	11.596	11.251	11.175	11.383
电力、热力、燃气及水生产和供应业	13.193	13.506	12.839	13.058	13.975	13.978	14.164	14.387	14.467	14.632
房地产业	16.595	16.966	17.192	17.335	16.241	16.465	16.489	18.284	18.420	18.407
建筑业	9.9043	16.784	18.352	20.783	20.774	20.870	21.075	21.666	21.773	21.809
交通运输、仓储和邮政业	13.033	12.655	12.997	13.141	13.072	13.068	13.142	13.095	13.383	13.537
教育	-1.021	-1.364	-0.986	-0.605	-0.492	-0.387	-1.509	-1.469	-1.423	-1.402
农、林、牧、渔业	7.448	8.575	10.073	10.156	10.528	10.077	9.881	16.796	16.958	16.900
批发和零售业	13.719	14.232	15.984	16.083	16.172	16.303	16.283	16.563	16.899	17.181
水利、环境和公共设施管理业	7.954	9.093	10.160	9.391	9.850	10.039	10.514	11.319	11.825	12.651
卫生和社会工作	8.388	10.426	11.478	12.357	9.831	10.028	9.379	10.042	12.691	12.885
信息传输、软件和信息技术服务业	18.519	18.306	18.785	18.463	18.491	18.715	18.759	19.128	19.411	19.497

续表

行业＼年份	2008	2009	2010	2011	2012	2013	2014	2015	2016	2017
制造业	13.786	14.497	15.554	15.422	15.576	15.679	15.807	16.127	16.431	16.694
住宿和餐饮业	11.281	11.297	11.391	11.491	11.575	11.534	11.552	11.386	11.766	12.220
综合	16.804	16.774	16.921	17.114	17.008	17.206	17.009	17.043	17.143	17.274
租赁和商务服务业	12.822	12.133	17.534	17.704	17.198	18.079	19.195	19.866	20.734	21.115

表 5.4 以员工人数为权重的行业 TFP（对数）

行业＼年份	2008	2009	2010	2011	2012	2013	2014	2015	2016	2017
采矿业	10.769	10.468	10.693	10.530	10.816	10.753	10.672	10.377	10.512	10.755
电力、热力、燃气及水生产和供应业	13.558	13.436	13.567	13.787	13.870	13.718	13.995	13.929	14.133	14.078
房地产业	16.085	16.373	16.661	16.722	16.918	17.163	17.313	17.642	17.933	17.661
建筑业	20.628	18.736	21.129	20.891	20.513	20.605	20.740	21.478	21.534	21.584
交通运输、仓储和邮政业	12.807	12.496	12.898	12.373	12.525	12.568	12.671	12.754	13.309	13.436
教育	-1.022	-1.364	-0.986	-0.829	-0.897	-0.159	-1.408	-1.403	-1.478	-1.480
农、林、牧、渔业	14.999	15.047	15.851	15.868	13.493	13.302	13.158	16.375	16.481	16.523
批发和零售业	13.239	13.999	15.192	14.279	14.050	14.245	14.698	15.520	16.137	16.229
水利、环境和公共设施管理业	10.146	9.218	9.700	8.866	9.264	10.069	10.495	11.438	12.040	12.264
卫生和社会工作	12.115	10.019	11.551	12.304	9.203	8.891	8.928	10.677	12.482	12.705
信息传输、软件和信息技术服务业	17.338	17.773	18.250	17.353	17.232	17.151	17.486	18.305	18.733	18.773
制造业	14.570	14.191	15.184	14.628	14.323	14.378	14.665	15.156	15.858	15.978
住宿和餐饮业	11.037	11.123	11.202	11.277	11.348	11.329	11.311	11.290	11.747	12.054
综合	16.338	16.338	16.456	16.635	16.612	16.650	16.564	16.569	16.724	16.060
租赁和商务服务业	17.432	17.172	17.692	17.791	17.175	17.233	17.619	18.486	19.419	19.646

（二）资本价格相对扭曲系数的计算

前文已经对生产函数进行了估计，并得出了资本产出弹性和劳动力产出弹性，那么，我们进一步依照式（5.11）和式（5.14），计算这 15 个行业的劳动力价格相对扭曲系数和资本价格相对扭曲系数。由于本章主要探究金融资源错配的效率减损效应，因此，此处着重分析资本价格相对扭曲的状况。表 5.5 总结了2008~2017 年各行业资本相对扭曲状况，以此表征各个行业的金融资源错配水平。从整体情况来看，15 个行业都存在明显的资本错配，资本价格相对扭曲系数的均值都异于 1，且扭曲程度存在巨大的差异。其中，"信息传输、软件和信息技术服务业"的资本相对扭曲系数均值达到 25.847，而"采矿业"的资本价格相对扭曲系数均值为 0.591，说明行业资本扭曲的分化程度较大。"电力、热力、燃气及水生产和供应业""交通运输、仓储和邮政业""水利、环境和公共设施管理业"的资本价格相对扭曲系数均大于 1，由于我国早期的经济增长主要依靠粗放型增长模式，大量要素投入造成地区环境污染程度较大，在这样的背景下，政府逐渐将产业发展转移至能源节约和低碳环保领域。与此同时，金融危机爆发以来，各国经济呈现出不同程度的衰退，政府对交通运输等基础设施建设加大投资力度，使这些行业拥有了低成本优势，进而导致配置到该行业的实际要素超过了理论使用水平，资本要素投入过度现象出现。"批发和零售业""教育"以及"建筑业"的资本相对扭曲系数分别为 0.210、0.260、0.496，整体上显著低于 1，说明配置到这些行业的资本是过少的，"建筑业"作为高资本需求行业，其资本需求未得到有效满足；在"批发和零售业"中，个体经营占据主导，高度分散化的特点使利润难以整合，进而难以形成规模优势，在金融资源可获得性方面存在短板；"教育"业方面，除多数公立学校外，近年来也出现了各种类型的私立学校及课程培训机构，教育业所占有的资本份额难以满足其行业需求。通过上述对资本相对扭曲系数值的分析，可以发现我国金融资源错配的形式较为严峻，资本拥挤以及资本稀缺的现象同时存在。此外，从各个行业资本相对扭曲系数的变化趋势来看，有 9 个行业资本相对扭曲系数逐渐向 1 靠近，表明这些行业资本错配程度在不断改善；尤其是"住宿和餐饮业"以及"制造业"，前者资本相对扭曲系数由 2008 年的 2.09 降到 2017 年的 1.106，后者的资本相对扭曲系数由 1.101 降至 1.083，"卫生和社会工作""水利、环境和公共设施管理业"以及"采矿业"也逐渐呈现出快速向 1 逼近的态势。而其余 6 个行业的资本相对扭曲系数与 1 的偏离度较大，表明其资本错配程度加深。此外，"房地产业"的资本相对扭曲系数在 2008~2017 年处于逐渐变小的趋势，从样本期间最初的 0.676 下降至 0.247，这说明了在从前金融脱实向虚的背景下，大量涌入房地产行业的金融资源未得到充分有效利用。供给侧结构性改革使得配置到该领域的资本越来越少，这有利于推动强实抑虚。根据对资本相对扭曲系数的均值及变化趋势分析，可以看出我国金融资源错配程度整体来说有一定改善。

表 5.5　行业资本价格相对扭曲系数

行业＼年份	2008	2009	2010	2011	2012	2013	2014	2015	2016	2017	均值
采矿业	0.566	0.591	0.574	0.539	0.535	0.552	0.556	0.683	0.683	0.627	0.591
电力、热力、燃气及水生产和供应业	3.949	4.020	3.894	4.102	4.210	4.223	4.600	4.356	4.749	4.961	4.306
房地产业	0.676	0.536	0.474	0.548	0.407	0.338	0.309	0.230	0.197	0.247	0.396
建筑业	0.416	0.329	0.561	0.631	0.623	0.546	0.491	0.437	0.448	0.477	0.496
交通运输、仓储和邮政业	2.363	2.673	2.574	2.832	2.801	2.829	2.630	2.436	2.257	2.318	2.571
教育	0.307	0.390	0.305	0.231	0.186	0.152	0.309	0.240	0.226	0.256	0.260
农、林、牧、渔业	1.097	0.974	0.986	0.953	1.001	1.103	1.162	1.180	1.111	1.434	1.101
批发和零售业	0.248	0.197	0.209	0.239	0.229	0.213	0.223	0.179	0.178	0.184	0.210
水利、环境和公共设施管理业	1.496	1.256	1.505	1.299	1.011	1.184	1.066	0.769	0.778	0.723	1.109
卫生和社会工作	0.607	0.461	0.770	0.807	0.629	0.474	0.453	0.396	0.726	0.745	0.607
信息传输、软件和信息技术服务业	34.128	31.494	34.328	33.528	30.542	25.118	22.837	16.585	15.028	14.878	25.847
制造业	1.101	1.089	1.070	1.118	1.164	1.158	1.135	1.058	1.069	1.083	1.105
住宿和餐饮业	2.090	1.838	1.775	1.861	1.815	2.097	2.357	2.651	1.489	1.106	1.908
综合	1.270	1.261	1.388	1.532	1.714	1.563	1.651	1.326	1.338	1.501	1.455
租赁和商务服务业	2.329	1.871	2.099	1.354	1.205	0.986	0.822	0.561	0.441	0.405	1.207

（三）产出缺口的计算

在得出各年各个行业的资本相对扭曲系数、劳动力相对扭曲系数以及进一步对经济增长率分解之后，可以估算出存在要素价格扭曲资源错配情况下的实际产出与完全市场潜在产出的比例，以此得出产出缺口。假设加总生产函数是 Cobb Douglas 型生产函数，根据式（5.21），得出实际产出与潜在产出的比例以及产出缺口，数值及趋势如表 5.6 和图 5.1 所示。

表 5.6　实际产出与潜在产出之比以及产出缺口

项目　　　　年份	2008	2009	2010	2011	2012	2013	2014	2015	2016	2017
实际产出与潜在产出之比	0.898	0.892	0.896	0.887	0.879	0.882	0.884	0.897	0.896	0.894
产出缺口	0.101	0.107	0.103	0.113	0.120	0.117	0.115	0.102	0.103	0.105

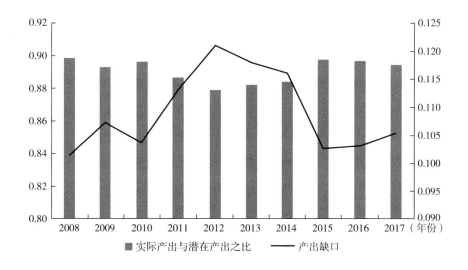

图 5.1　实际产出与潜在产出之比及产出缺口

由表 5.6 和图 5.1 可知，2008~2017 年，实际产出与潜在产出之比虽有小幅波动上升，但总体上呈下降趋势，说明要素价格扭曲及资源错配增加了企业的生产成本，降低了企业生产效率。但从产出缺口结果可知，我国各行业的发展潜力依然是巨大的，纠正资源错配对于提升产出效率具有显著效果。依据 2017 年的产出缺口水平来算，即使不进行技术改造投入，不增加资源投入，纠正行业间、企业间的资源错配可以让产出提升 10.5%。参考目前已有的对行业间资源错配的研究成果，Hsieh 和 Klenow（2009）运用制造业企业微观数据量化中国和印度相比于美国的潜在资源错配程度。中国和印度与美国相比，在劳动边际产品和资本边际产品方面存在巨大差距，当假设资本和劳动力被重新分配以使边际产品达到美国的程度时，中国全要素生产率将提高 30%~50%，印度将提高 40%~60%。本书运用上市企业数据测度出的产出提升幅度，也说明纠正资源错配使产出增加的潜力是巨大的。

（四）全要素生产率的分解

为定量估算劳动力和资本错配变化对全要素生产率和产出效率的减损效应，基于不完全市场的假设前提，对传统 Syrquin 分解进行扩展。根据式（5.18）将总经济增长率分解成要素投入变动率 FIP 和全要素生产率 TFP，进一步将全要素生产率 TFP 分解为行业 TFP 变动和"总配置效应" RAE，而"总配置效应" RAE 又分解成产出份额变动率 SIT 和要素配置效率 FPM，结果如表 5.7 所示。

表 5.7　生产率分解　　　　　　　　　　单位:%

项目 ＼ 年份	2009	2010	2011	2012	2013	2014	2015	2016	2017	均值
经济增长率	5.609	32.340	23.361	8.961	9.097	4.256	-1.681	9.685	18.232	12.207
要素投入变动率（FIP）	11.998	7.508	6.806	5.878	4.416	4.590	4.128	3.755	2.716	5.755
资本投入变动率	6.401	5.426	4.013	3.992	3.349	3.712	3.192	2.670	1.793	3.839
劳动力投入变动率	5.597	2.081	2.793	1.886	1.066	0.879	0.936	1.085	0.923	1.916
全要素生产率的变动（TFP）	-6.389	24.832	16.555	3.083	4.681	-0.334	-5.809	5.93	15.516	6.452

续表

项目 \ 年份	2009	2010	2011	2012	2013	2014	2015	2016	2017	均值
行业 TFP 变动	−7.597	24.892	17.393	3.585	4.249	−0.236	−7.951	5.402	16.161	6.205
总配置效应（RAC）	1.208	−0.06	−0.838	−0.502	0.432	−0.098	2.142	0.528	−0.645	0.247
产出份额变动率（SIT）	1.864	−0.295	−0.890	−0.131	0.814	0.523	2.162	0.781	−0.530	0.478
资源配置效率（FPM）	−0.656	0.289	0.052	−0.371	−0.382	−0.621	−0.020	−0.253	−0.115	−0.231
资本错配的贡献（CPM）	−0.487	0.660	0.401	−0.046	−0.177	−0.266	0.209	−0.106	−0.004	0.020
劳动力错配的贡献（LPM）	−0.170	−0.371	−0.349	−0.325	−0.205	−0.354	−0.228	−0.147	−0.110	−0.251

首先，2009~2017 年，经济增长率均值为 12.21%，而要素投入变动率 FIP 为 5.76%，全要素生产率变动率 TFP 为 6.45%，在此期间我国经济的增长既归功于要素投入增加的贡献，同时也取决于全要素生产率变动的贡献。从变化趋势来看，要素投入变动率从 2009 年的 12.00% 下降至 2017 年的 2.72%，全要素生产率变动率从 −6.39% 上升至 15.52%。自 2008 年金融危机以来，我国经济增长率逐渐放缓，出口出现了负增长，经济面临硬着陆的风险。在这样的背景下，政府主张实施积极的财政政策和适度宽松的货币政策，在危机过后的几年里，出台更加有力的扩大国内需求的措施，如加快民生工程、基础设施、生态环境建设和灾后重建等一系列举措，通过投资拉动经济增长。因此在 2008 年之后的前几年，经济增长主要归功于要素投入增长的贡献。但由于政策具有惯性，往往难以根据现实情况的变化而及时调整和改变。因此，在经济转型初期，依靠要素投入的粗放型经济增长模式导致我国产能过剩、投资过度等一系列问题出现，全要素生产率不断下降甚至出现负值，这也印证了预期良好但存在惯性的政策可能会对总产出和全要素生产率产生长期的负面影响。在此之后，为了化解结构性产能过剩以及经济增长内生动力不足等问题，在 2011 年中央经济工作会议中，将"稳中求进"作为总基调，并自 2011 年一直延续至 2016 年。区别于之前的通过大规模投

入基础设施，依靠投资拉动经济增长的举措，近五年的经济发展趋势和方向有了些许调整，包括：经济增长速度从超高速、高速向中高速调整；经济发展模式从依靠大规模要素投入转向依靠质量效率型经济增长；产业结构自中低端水平调整至中高端水平；经济发展的驱动力量逐渐转向要素、投资和技术创新。在进一步推进和深化供给侧结构性改革，不断纠正要素配置扭曲，提高产业结构可变性和灵活性、提高全要素生产率的总要求和大背景下，我国近几年的要素投入贡献下降，全要素生产率贡献呈上升趋势，经济增长率变动逐渐归功于全要素生产率的提高。

其次，将全部行业作为一个整体，从全要素生产率贡献内部角度分析，行业TFP贡献均值为 6.21%，总配置效应均值为 0.25%。技术进步对我国产出的贡献虽多数年份为负值，但与配置效应相比，对全要素生产率的贡献仍然占主导地位。说明在经济结构继续调整优化过程中，创新对经济发展的支撑作用在不断增强。最后，从总配置效应内部结构可知，产出份额变动贡献均值为 0.48%，而要素配置效率贡献为 -0.23%。这说明主要是份额效应在推动我国全要素生产率和产出的增长，而对要素配置效率改善的结果是负的，要素价格扭曲造成的资源错配在一定程度上对生产率产生了减损效应，这也是和我国的经济实践相符合的。同时，要素配置效率贡献内部的资本配置效率虽均值为正，但大多数年份仍然呈负值，说明金融资源错配在较长一段时间里仍然对生产率水平产生减损和削弱作用。我国虽然已经进行了一系列供给侧结构性改革，但大多数是运用行政手段。一方面，对过剩产能的企业进行关闭或实施兼并，企业破产导致社会总体失业率大幅上升。整体去杠杆削弱了本来就难以获得金融资源但效率较高企业的资金，使其发展潜力得不到有效发挥，降低了经济整体的产出效率。另一方面，在供给侧结构性改革过程中，对于要素在不同行业以及不同企业间的价格扭曲并没有进行有效治理，对于民营企业的支持力度总体水平也较弱。此外，企业性质的不同也会导致企业面临的资本和劳动力价格存在明显差异，如一些大而不倒的僵尸企业以及效率低下的国有企业，因其与政府或国有银行的天然联系，在金融资源的可得性和成本等方面都存在优势，导致经济交易非市场化的情况出现。尽管市场自身的力量正驱使着各类要素向回报更高的行业配置，但一些非经济因素造成的扭曲却延缓了这一过程。因此，将资源配置由市场起基础性作用转向起决定性作用作为经济新常态的机制保障，是提升我国未来产出效率的重要途径。

（五）分年度金融资源错配对全要素生产率的减损效应

为了探究在扭曲改变效应中，资本错配和劳动力错配分别对产出效率变化率的影响，我们进一步根据式（5.24）和式（5.27）测算"扭曲改变效应"的构成，即资本错配的贡献（CPM）和劳动力错配的贡献（LPM）。如图5.2所示，我们发现资本价格扭曲引起金融资源配置效率在大多数年份都为负，说明金融资源错配仍然在一定程度上降低了全要素生产率及产出效率。从时间序列上看，资本价格扭曲引致的资本错配贡献的波动幅度大于劳动力价格扭曲引致的劳动力错配贡献，最低值为−0.487个百分点，最高值达0.660个百分点，说明改善由资本价格扭曲造成的金融资源错配对产出效率的提振作用要高于劳动力错配。由于我国初始金融资源错配的程度较深，不同行业的资本相对流动系数存在较大差异，资本拥挤和资本稀缺现象同时存在。虽然在劳动力要素方面也存在一定程度的错配，但资本要素的相对扭曲系数偏离1的程度强于劳动力要素。因此，相比于劳动力错配，资本错配对全要素生产率的减损效应更强，纠正以资本相对扭曲系数表征的金融资源错配对我国资源配置效率、全要素生产率以及产出效率的提升具有更明显有效的作用。

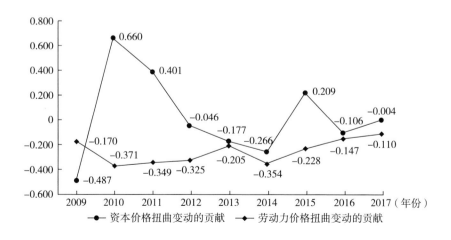

图5.2 各年资本错配和劳动力错配的贡献

（六）分行业金融资源错配对全要素生产率的减损效应

根据式（5.24）和式（5.27）得到文中 15 个行业资源配置效率对全要素生产率和产出效率的影响。首先，我们给出 15 个行业 2009~2017 年资源配置效率的平均贡献，结果如图 5.3 所示，行业编号与表 5.1 对应。通过分析图 5.3 可知，一方面，"采矿业"（编号为 1）、"电力、热力、燃气及水生产和供应业"（编号为 2）、"房地产业"（编号为 3）、"建筑业"（编号为 4）、"批发和零售业"（编号为 8）、"制造业"（编号为 12）以及"租赁和商务服务业"（编号为 15），劳动力错配的贡献为正，说明纠正劳动力价格扭曲对 TFP 和产出效率的影响是正面的，尤其是"采矿业"的劳动力价格扭曲改变效应达到了 0.6%，其作用是不可忽视的；另一方面，"房地产业"、"批发和零售业"、"信息传输、软件和信息技术服务业"（编号为 11）、"制造业"、"租赁和商务服务业"，通过纠正资本价格扭曲，能够有效提高金融资源配置效率，进而对 TFP 和产出效率产生正面影响。尤其是"房地产业"，其扭曲改变效应为 0.3%。但与正面作用相反，"采矿业""电力、热力、燃气及水生产和供应业""建筑业"的资本价格扭曲改变效应为负，说明资本价格扭曲导致的金融资源错配对 TFP 和产出效率产生了减损效应，但负面作用程度小于正面作用。所以说，从总体上看，金融资源错配对

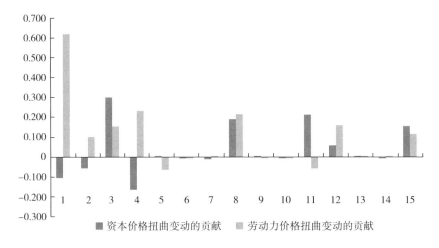

图 5.3　2009~2017 年各行业资本错配和劳动力错配的贡献（平均值）

行业全要素生产率产生了减损效应，通过纠正金融资源错配在一定程度上能够提高全要素生产率和产出效率。

（七）15 个行业各年金融资源错配对全要素生产率的减损效应

在通过行业分解，测算资本错配贡献以及劳动力错配贡献的基础上，我们进一步按照年份分解，剖析 15 个行业各年因资本价格扭曲引致的金融资源错配的贡献，如图 5.4 所示，行业编号与表 5.1 保持一致。首先，从图 5.4 整体分析可知，"建筑业""批发和零售业""制造业"资本错配的贡献幅度较大，其余大部分行业的资本错配贡献存在小幅度波动，均处在零值周围。此外，除"采矿业""建筑业""批发和零售业"的部分年份资本错配贡献为负值，其余大多数行业的资本错配贡献为正值，这表明我国行业的金融资源错配整体呈改善趋势。其中，在"制造业"的资本配置中，最大值达到 2.072%，这也与前文测算出的资本相对扭曲系数的结论一致。结合表 5.5 可知，"采矿业""建筑业""批发和零售业"的资本相对扭曲系数远远小于 1，说明其实际占用资本水平较低，存在资本缺乏使得资本配置效率下降。而"制造业"的资本相对扭曲系数与 1 的差值较小，并且从样本期初的1.1018 变化至 1.0837，逐渐向 1 逼近，说明其所占用的资本水平与其所需要达到的资本水平相匹配，资本配置水平较高。总的来说，15 个不同行业各年的金融资

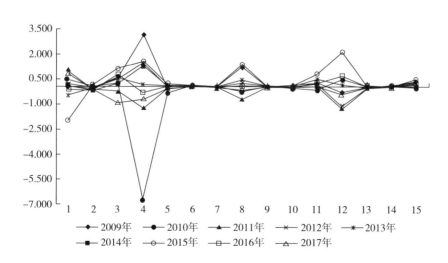

图 5.4　15 个行业 2009~2017 年资本错配的贡献

源错配均存在对全要素生产率的减损效应，通过纠正资本价格扭曲引致的金融资源错配一定程度上能够有效提升产出效率和全要素生产率。

三、本章小结

本章基于行业间金融资源错配的角度，首先借鉴 Aoki（2012）基于税态摩擦因子测度资源错配的框架，建立了一个含有部门特定摩擦的多部门竞争均衡模型。其次，采用"间接测度"方法，并不先验假定某一因素所造成的资源错配程度，而是关注所有潜在因素对资源错配的净影响，将所有可能的扭曲都用加在价格上的"税收楔子"来表达。同时，引入要素流动系数以及要素价格相对扭曲系数来表征要素错配水平。在传统的 Syrquin 分解中，产出变动可分解为要素变动和全要素生产率变动，而全要素生产率的增长进一步分解为行业全要素生产率的变动效应以及资源配置效应。本书通过拓展传统 Syrquin 分解，将资源配置效应又分解为资源价格扭曲变动效应和行业份额效应，探讨不同年份、各个行业、不同生产要素的错配程度对全要素生产率及产出效率的减损效应。在理论分析基础上，本章基于 2008~2017 年我国沪深 A 股上市公司的面板数据进行实证分析，估计了我国 15 个行业的全要素生产率水平，计算了衡量金融资源错配的资本价格相对扭曲系数。同时，将带有扭曲"楔子"的均衡配置下的产出与不带"楔子"的均衡配置下产出进行比较，计算由要素价格扭曲所导致的金融资源错配的产出缺口，并进一步将经济增长率进行分解，探究分行业、分年度的金融资源错配对全要素生产率以及产出效率的影响。

研究表明，从总体来看，金融资源错配现象在我国仍然存在，资本价格扭曲导致金融市场上的不同企业的不平等地位，金融资源错配对全要素生产率以及产出缺口仍存在减损效应。但从变化趋势来看，我国大多数行业的资本价格扭曲状态正逐渐纠正，经济增长逐渐由靠要素投入拉动转向靠资源的重新配置以及结构性改革拉动，说明纠正金融资源错配对于我国经济整体的发展起到一定的促进作用。

第六章　金融资源错配对企业
投资效率的减损效应

新时代中国经济发展的重要特征是由高增长向高质量发展转变，要实现经济的高质量发展，既需要金融资源的优化配置，也需要金融服务实体经济功能的有效发挥。近年来，中国金融体系出现了"脱实向虚"的现象，虚拟资本的不断增加也加大了金融风险的发生概率。同时，国有企业与民营企业间的金融资源错配现象也显著存在，由于国有企业与银行、政府的天然联系，在其产出效率并不高的前提下，仍然能够获得充足的资本，这导致整体经济难以实现资源配置的优化。因此，深入探讨金融资源错配对企业价值、企业投资效率的影响以进一步深化供给侧改革，推进金融体系创新，对于中国经济的健康运行具有重要作用。

MM 理论（Modigliani 和 Miller，1959）被认为是现代资本结构理论研究的开始，MM 理论的结论是企业价值与资本结构无关。但只有在一个不存在交易成本的完美的金融市场中，这一理论才会成立。因此，当今社会中金融市场的不完美以及易导致逆向选择和道德风险出现的信息不对称性的存在，使 MM 理论的假设条件放宽，企业资本结构与企业价值密切相关。国内已有的研究开始打破资本结构与公司价值以及企业非效率投资之间相互独立的分析框架，将公司的投资与融资结合起来考虑，尝试通过实证方法检验企业资本结构与企业非效率投资之间的关系。根据交易费用经济学分立的治理结构选择理论，负债被赋予了市场治理结构属性，即金融资源作为稀缺资源，流向至高效率的部门和企业以保证金融资源配置效率（Williamson，1979）。企业债务融资是通过公司治理这一传导路径来影响企业投资的（汪辉，2003），同时债务融资在抑制公司的非效率投资方面也起到了重要作用，但研究二者关系的时候并未考虑到金融资源错配的影响。金融资源错配是指金融资源没有按照效率原则在各企业之间进行配置，占有更多金融资源的企业，其资本回报率反而低下。在过去十多年中，民营企业获得银行贷款的比例不到20%，余下80%以上的银行贷款都流向了国有企业。中国的金融在很大程度上仍然是倾向于国有企业的政府主导型金融。但从效率角度来看，民营企业在资本回报率以及企业绩效等方面却要优于国有企业。因此，金融资源错配作为一种偏离经济规律的非市场化行为，扭曲了资本结构中债务融资的市场治理属性，导致能够以较低成本获得金融资源的企业易产生投资过度，而较难获得金融资源的企业产生投资不足现象，实体经济中的企业非效率投资普遍存在。

综上所述，本章主要基于行业内企业间金融资源错配的角度，以2008~2017年中国沪深两市A股上市公司的数据作为研究样本，在MM理论的基础上构建了金融资源错配对于企业投资效率影响的理论模型，并进一步探讨金融资源错配是如何通过扭曲资本结构债务融资的市场治理属性，最终导致实体经济非效率投资问题。本书的主要工作是：一方面，实证检验了金融资源错配对企业投资效率的直接减损效应，即金融资源错配对微观企业非效率投资、投资过度以及投资不足的影响。同时，基于所有权性质、企业规模以及行业性质特征探究金融错配对企业投资效率的差异影响。另一方面，进一步探究了金融资源错配对企业投资效率的间接减损效应，即资本结构在金融资源错配与企业非效率投资间的中介效应，金融资源错配扭曲了债务融资的市场治理属性，同时将这一扭曲传导至实体经济，导致实体经济的非效率投资。本章将理论分析与实证检验相结合，使研究结果更加符合中国国情以及制度背景，为深化金融改革和国企改革、完善金融市场的运行机制提供了借鉴和智力支持。

一、金融资源错配对企业投资效率
减损效应的理论分析

目前中国正处在由高速增长阶段向高质量发展阶段的转型时期，而对于经济转型过程中的发展中国家而言，若资源难以协调，就会产生金融资源错配问题（Restuccia 和 Rogerson，2008）。从中国目前的总体情况来看，金融资源错配大多源于制度因素和市场扭曲。若从所有制角度分析，国有企业因与国有银行和政府的天然联系，即使其产出效率低于民营企业，但仍然能以较低的成本融得资金，金融资源的可获得性使国有企业的过度投资现象普遍存在。而民营企业却只能通过较高的融资成本或国有企业的金融漏损获得资金，这易导致投资不足。从企业规模角度分析，一方面，大型企业往往承担着社会基础设施建设的工作，并且因其企业规模优势，较易获得金融资源，这与 Whited 和 Zhao（2016）的研究结果相一致。Whited 和 Zhao（2016）通过拓展 Hsieh 和 Klenow（2009）的模型框架研究部门间资源错配造成的损失，重点关注中国企业重新分配债务和股权所带来的潜在福利收益，并使用静态模型和直接观察到的数据来估算扭曲的程度。研究发现大型企业和处在发达城市的企业往往面临更加低廉的成本，这会导致大型企业易产生投资过度问题。另一方面，由于我国金融机构体系还有待健全，大型商业银行与小型企业的业务类型较难匹配，这导致小型企业只能通过非正规金融机构获得融资，较高的融资成本使小型企业难以发挥投资机会优势，因此会出现投资不足问题。从行业性质角度分析，近年来房地产企业的飞速发展，使较多的金融资源流向房地产行业，这在一定程度上对制造业企业产生挤出效应，易导致房地产企业投资过度，制造业企业投资不足。因此，我国现存的基于所有权性质、规模性质以及行业性质的金融资源错配导致微观企业非效率投资、投资过度以及投资不足问题普遍存在。基于此，本书提出本章的假设1。

假设1：金融资源错配对企业投资效率产生直接减损效应，导致中国实体经济非效率投资显著增加。

进一步地，我们研究金融资源错配对非效率投资的影响机制。随着 MM 理论假设前提的不断放宽，企业资本结构会在一定程度上影响企业价值，投融资活动密切相关。韩亚欣等（2016）指出政府政策偏好变序及利率市场化进程都会构成大银行对中小民营企业融资行为变化的重要变量。徐军辉（2013）指出利率双轨制度导致在正规金融情况下，商业银行更偏向于将低利率资产贷给具有"安全性"的国有大中型企业及地方政府，而在影子银行方面却将高利率资产贷给民营中小企业，严重压抑了民营企业活力。金融资源错配使产出效率更高的企业较难获得债务融资，而产出效率较低的企业却能够以较低的资金成本获得债务融资。资本结构的债务融资市场治理属性认为由于信息不对称，投资者对于企业内部情况了解不全面。获得债务融资的企业或部门能够使银行等债权人通过对企业的监督和治理而进一步提高企业的投资下限、拓宽企业的投资平台，抑制非效率投资的同时优化资源配置，促使金融服务于实体经济是真正以严格硬约束为基础，即保证资金使用与当期收益相一致。但在现实情况中，由于金融体系的不完全市场化，金融资源并未按照效率原则进行分配。银企与政企间的预算软约束使一些企业资金运用超过了它当期收益的范围，政府救助避免其破产清算，但却导致了高度负债对于 TFP 增长和投资效率的负面影响。因此，金融资源错配扭曲了资本结构债务融资的市场治理属性，导致实体企业非效率投资。基于上文分析，提出本章的假设 2。

假设 2：金融资源错配对企业投资效率产生间接减损效应，即通过扭曲企业资本结构而作用于实体经济，导致实体企业非效率投资。

二、金融资源错配对企业投资效率减损效应的实证研究设计

（一）资料来源与样本选择

本章利用 Wind 数据库选取了 2008~2017 年中国沪深两市 A 股上市公司为研

究样本并剔除以下公司：①金融类上市公司；②ST 类上市公司和 PT 类上市公司；③数据缺失和异常的上市公司。经过以上筛选，本书一共获得 3147 家上市公司，31470 个年度数据。本书使用的统计工具是 Stata14.0。

（二）变量选择与定义

1. 被解释变量

本书选取非效率投资作为被解释变量。借鉴 Richardson（2006）的模型，估算我国企业正常的资本投资水平。然后将企业实际的资本投资水平与估算的资本投资水平之差（回归残差）来作为各个公司的非效率投资量。具体的投资模型如下：

$$I_{NEW_{i,t}} = \theta_0 + \theta_1 Growth_{i,t-1} + \theta_2 Ca_{i,t-1} + \theta_3 Dl_{i,t-1} + \theta_4 Size_{i,t-1} + \theta_5 I_{NEW_{i,t-1}} +$$

$$\theta_6 Age_{i,t-1} + \theta_7 ROA_{i,t-1} + \sum Year + \sum Ind + \varepsilon_t \tag{6.1}$$

其中，$I_{NEW_{i,t}}$ 表示公司 i 第 t 年的实际新增投资支出。$Growth_{i,t-1}$ 表示公司 i 第 $t-1$ 年的成长机会，$Ca_{i,t-1}$ 表示公司 i 第 $t-1$ 年的现金流量水平，$Dl_{i,t-1}$ 表示公司 i 第 $t-1$ 年的资产负债率，$Size_{i,t-1}$ 表示公司 i 第 $t-1$ 年的规模，$I_{NEW_{i,t-1}}$ 表示公司 i 第 $t-1$ 年的实际新增投资水平，$Age_{i,t-1}$ 表示公司 i 第 $t-1$ 年的上市年限，$ROA_{i,t-1}$ 表示公司 i 第 $t-1$ 年的总资产收益率，$Year$ 和 Ind 分别表示年度虚拟变量和行业虚拟变量。

首先对上述模型进行回归分析，通过变量的回归系数来计算样本公司的适度投资，进一步用公司实际投资减去模型预测的适度投资得到非效率投资水平，即回归残差。若回归残差大于 0，则表明公司存在过度投资，用 OInvest 表示；若回归残差小于 0，则表明公司存在投资不足，用 UndInvest 表示。为了衡量上市公司非效率投资总额，对回归残差取绝对值，绝对值越大，表明非效率投资的程度越高。

2. 核心解释变量

本书选取金融资源错配作为核心解释变量。金融资源错配是相对于资源的"有效配置"而言，当市场中的资源按照效率原则进行分配，并实现帕累托最优的时候，则为资源有效配置，即指从社会角度出发，保证有限稀缺资源获得最大产出的配置效率，而金融资源错配则是对"有效配置"的偏离。根据前文所述，本书采用直接方法测度金融资源错配，借鉴邵挺（2010）、Chari 等（2007）以及 Song 等（2009）的研究，用金融错配负担水平，即每个企业的资金使用成本对所在行业的平均资金使用成本的偏离度来衡量金融资源错配。

3. 中介变量

为了探究在金融资源错配对企业投资效率产生的间接减损效应过程中，企业资本结构所起到的中介作用。本书选取资本结构作为中介变量，文献中关于资本结构的衡量方法有多种，包括负债总额与资产总额之比的资产负债率、长期负债与资产总额之比、有息债务与总资产之比。本书采用资产负债率（Dl）（张永冀等，2016）来衡量企业的资本结构。

4. 控制变量

在选取控制变量方面，本书借鉴前人研究及本书的研究目的，选择企业规模（Size）、企业成长性（Growth）、员工总数（Staff）、股权结构（Ihold）、股利支付率（Eps）、年度虚拟变量（Year）和行业虚拟变量（Ind）作为控制变量，具体变量说明如表6.1所示。

表 6.1　变量定义与计算

	变量名称	变量符号	变量定义与计算
被解释变量	非效率投资	Invest	根据 Richardson（2006）模型测算，残差的绝对值
		OInvest	投资过度，Richardson 模型中的正残差
		UndInvest	投资不足，Richardson 模型中的负残差
中介变量	资本结构	Dl	资产负债率，负债总额/总资产
解释变量	金融资源错配	Fm	［利息支出/（负债－应付账款）－行业平均利率］/行业平均利率
	所有权性质	Own	虚拟变量，当 Own 取 1 时，代表民营上市公司；Own 取 0 时，代表国有上市公司
控制变量	总资产报酬率	ROA	息税前利润/总资产
	企业成长性	Growth	公司营业收入增长率
	企业规模	Size	总资产自然对数
	员工总数	Staff	企业员工总数对数
	股权结构	Ihold	前十大股东持股总数/总股数
	个股回报率	Eps	每股盈利
	行业虚拟变量	Industry	企业的行业哑变量作为行业特征的代理变量
	年度虚拟变量	Year	设置一个年度虚拟变量

（三）模型设定

1. 金融资源错配对企业投资效率的直接减损效应

考虑到金融资源错配的延续性影响，运用当期数据讨论金融资源错配对企业非效率投资的影响存在误差，因此采用金融资源错配的滞后期来考察金融资源错配对非效率投资的影响，构建模型（6.2）。

$$Invest_{i,t} = \alpha_0 + \alpha_1 Fm_{i,t-1} + \alpha_2 X_{i,t} + \varepsilon_{it} \tag{6.2}$$

同时，为进一步考察不同所有权性质、不同规模性质以及不同行业性质的企业的金融资源错配程度对非效率投资中的过度投资和投资不足的差异性影响，本书通过加入产权性质与金融资源错配的交互项以及对总样本按照企业规模和行业性质进行分样本研究，构建模型（6.3）至模型（6.6）。

$$OInvest_{i,t} = \beta_0 + \beta_1 Fm_{i,t-1} + \beta_2 X_{i,t} + \varepsilon_{it} \tag{6.3}$$

$$UndInvest_{i,t} = \gamma_0 + \gamma_1 Fm_{i,t-1} + \gamma_2 X_{i,t} + \varepsilon_{it} \tag{6.4}$$

$$OInvest_{i,t} = \beta_0 + \beta_1 Fm_{i,t-1} + \beta_2 Fm_{i,t-1} \times Own + \beta_3 X_{i,t} + \varepsilon_{it} \tag{6.5}$$

$$UndInvest_{i,t} = \beta_0 + \beta_1 Fm_{i,t-1} + \beta_2 Fm_{i,t-1} \times Own + \beta_3 X_{i,t} + \varepsilon_{it} \tag{6.6}$$

其中，$Invest_{i,t}$ 为 i 公司 t 期的非效率投资总额，$OInvest_{i,t}$ 为 i 公司 t 期的过度投资，$UndInvest_{i,t}$ 为 i 公司 t 期的投资不足。$Fm_{i,t}$ 表示金融资源错配，Own 表示产权性质，$X_{i,t}$ 表示控制变量，随机扰动项 ε_{it} 服从白噪声独立同分布。

2. 金融资源错配对企业投资效率的间接减损效应

为了探究在金融资源错配对企业投资效率产生的间接减损效应过程中，企业资本结构的中介作用，本书借鉴 Baron 和 Kenny（1986）及钱诚（2018）的逐步检验法进行研究，如图 6.1 所示：①路径 a 表示解释变量对中介变量的效应；②路径 b 为在基本回归基础上加入中介变量之后，中介变量对被解释变量的效应；③路径 c 为加入了中介变量之后，解释变量对被解释变量的效应。

中介变量应满足三个条件：第一，解释变量对中介变量的影响显著；第二，路径 b 中中介变量对被解释变量影响显著；第三，路径 c 中解释变量对被解释变量的影响程度降低，若系数不显著，则属于完全中介。若系数显著，则该中介变量属于部分中介变量。

图 6.1 中介效应

因此，根据中介效应检验思路，构建回归模型（6.7）、模型（6.8）：

$$Dl_{i,t} = \lambda_0 + \lambda_1 Fm_{i,t-1} + \lambda_2 X_{i,t} + \varepsilon_t \tag{6.7}$$

$$Invest_{i,t} = \alpha_0 + \alpha_1 Fm_{i,t-1} + \alpha_2 Dl_{i,t} + \alpha_3 X_{i,t} + \varepsilon_t \tag{6.8}$$

<h1 style="text-align:center">三、金融资源错配对企业投资效率
减损效应的实证结果分析</h1>

（一）全样本及分样本变量描述性统计分析

本书首先对全样本和分样本进行了描述性统计（见表6.2）。

表 6.2 描述性统计结果　　　　　单位：份

Panel A 全样本

样本	全样本		
变量	样本量	均值	标准差
Invest	11865	1.036	5.254
OInvest	4977	1.235	7.683
UndInvest	6888	−0.893	2.206
Dl	26305	0.456	1.106
Fm	15242	0.007	2.907
Growth	25387	0.247	2.825

续表

样本	全样本		
Size	26320	21.586	1.483
LnStaff	25776	7.377	1.344
Ihold	20798	0.589	0.162
Eps	25817	0.463	0.598
Tobin Q	19817	5.373	362.392
ROA	26305	0.083	0.769

Panel B 按照所有权性质分样本

样本	国有企业			民营企业			检验
变量	样本量	均值	标准差	样本量	均值	标准差	T
Invest	5016	0.969	3.068	6849	1.086	6.398	-1.194
OInvest	2294	0.987	2.791	2683	1.448	10.137	-2.112**
UndInvest	2722	-0.954	3.284	4166	-0.852	0.999	-1.874*
Dl	9680	0.521	0.632	16625	0.419	1.304	7.144***
Fm	6281	-0.002	2.263	8961	0.014	3.284	-0.361
Growth	9597	0.158	1.064	15790	0.301	3.483	-3.909***
Size	9688	22.415	1.504	16632	21.103	1.236	76.510***
LnStaff	9588	7.917	1.451	16188	7.058	1.164	52.177***
Ihold	9048	0.568	0.162	11750	0.604	0.160	-15.877***
Eps	9625	0.371	0.664	16192	0.517	0.547	-19.091***
Tobin Q	8786	1.900	3.310	11031	8.139	485.707	-1.203
ROA	9680	0.061	0.287	16625	0.095	0.942	-3.500***

Panel C 按照行业性质分样本

样本	制造业企业			房地产企业			检验
变量	样本量	均值	标准差	样本量	均值	标准差	T
Invest	7375	0.895	2.686	572	1.035	0.910	-1.242
OInvest	3096	0.986	2.907	208	0.840	0.759	0.722
UndInvest	4279	-0.828	2.511	364	-1.146	0.970	2.3966**

续表

样本	制造业企业			房地产企业			检验
Dl	16799	0.416	0.501	975	0.652	0.334	−14.521***
Fm	9535	0.001	3.151	736	0.139	1.683	−1.187
Growth	16142	0.209	1.295	968	0.754	11.904	−5.323***
Size	16807	21.397	1.329	975	23.016	1.524	−36.636***
LnStaff	16401	7.432	1.214	969	6.821	1.563	−14.940***
Ihold	12840	0.590	0.159	968	0.572	0.169	3.399***
Eps	16446	0.487	0.634	972	0.404	0.556	4.002***
Tobin Q	12211	2.617	2.804	936	1.144	1.613	15.871***
ROA	16799	0.086	0.214	975	0.049	0.051	5.463***

Panel D 按照企业规模分样本

样本	大规模企业			小规模企业			检验
变量	样本量	均值	标准差	样本量	均值	标准差	T
Invest	7202	0.734	0.793	4663	1.503	8.303	−7.807***
OInvest	3504	0.766	0.894	1473	2.353	13.995	−6.682***
UndInvest	3698	−0.704	0.683	3190	−1.111	3.143	7.662***
Dl	12342	0.505	0.196	13963	0.413	1.506	6.761***
Fm	9273	−0.021	1.777	5969	0.053	4.084	−1.567
Growth	12300	0.231	1.416	13087	0.262	3.687	−0.885
Size	12345	22.815	1.071	13975	20.500	0.783	201.469***
LnStaff	12258	8.178	1.247	13518	6.651	0.962	110.584***
Ihold	11839	0.587	0.162	8959	0.591	0.161	−2.061**
Eps	12291	0.436	0.673	13526	0.487	0.519	−6.861***
Tobin Q	11501	1.595	1.378	8316	10.598	559.398	−1.726*
ROA	12342	0.060	0.058	13963	0.1029	1.053	−4.447***

从全样本的总体描述性统计可知，企业过度投资程度高于企业投资不足。将总样本按照所有权性质分为国有企业和民营企业后，发现国有企业的资产负债率（Dl 均值 = 0.521）高于民营企业（Dl 均值 = 0.419），但是与此相反的却是其总资产回报率（ROA 均值 = 0.061）显著低于民营企业（ROA 均值 = 0.095），金融资源未按照效率原则进行分配。占有更多金融资源的国有企业产出效率并不高，民营企业因受到金融资源错配的影响较大难以获得金融资源，导致非效率投资程度高于国有企业。

自我国城镇住房货币化改革以来，房价上涨迅速，一些大型国有企业在获得稀缺信贷资源后并没有将其投到制造业生产中，而是投资于房地产行业。在总投资规模给定的情况下，房地产投资对制造业投资会产生挤出效应，进一步降低制造业部门的资源配置效率（余静文等，2017；何珊珊，2018）。因此，本书将总样本按照行业性质分为制造业企业和房地产企业，探究金融资源错配对其非效率投资的差异影响。研究发现制造业债务融资的均值（Dl = 0.416）均小于房地产企业（Dl = 0.652），但其总资产回报率（ROA = 0.086）却大于房地产企业（ROA = 0.049）。与此同时，房地产企业的金融错配负担水平（Fm = 0.139）大于制造业企业（Fm = 0.001），资本成本偏离度较高的房地产企业非效率投资严重。

进一步地，运用企业规模分位数分组的大规模企业和小规模企业描述性统计显示，虽然小规模企业在总资产回报率指标上具有优势，但所获得的金融资源却显著低于大规模企业。在我国以银行为主导的金融体系背景下，资本市场没有充分发育，加之政府对金融体系的主导作用，以及现存的大型金融机构不适合为中小企业服务的性质，中小企业融资难、融资贵。受到金融资源错配影响较深的小规模企业，其非效率投资程度比大规模企业更严重。

（二）金融资源错配对企业投资效率的直接减损效应分析

如表 6.3 所示，被解释变量为非效率投资总额，方程（1）、方程（2）、方程（3）分别为 OLS、随机效应以及固定效应回归结果。综合来看，金融资源错配对企业非效率投资总额产生正向影响，并在 1% 的水平上显著。金融资源错配程度越深，企业非效率投资越严重。回归结果证实了假设 1。

表 6.3　金融资源错配对企业投资效率的影响

样本	全样本		
变量	Invest		
	方程（1）	方程（2）	方程（3）
Fm$_{-1}$	0.031 *** (0.005)	0.024 *** (0.006)	0.018 *** (0.006)
Growth	0.002 (0.011)	0.005 (0.009)	0.001 (0.007)
Size	0.061 *** (0.019)	−0.003 (0.023)	−0.283 *** (0.032)
Eps	−0.117 *** (0.026)	−0.154 *** (0.029)	0.150 *** (0.034)
Lnstaff	−0.114 *** (0.017)	−0.108 *** (0.022)	−0.047 (0.033)
Tobin Q	0.128 *** (0.009)	0.108 *** (0.009)	0.023 *** (0.009)
Ihold	−0.098 (0.110)	−0.114 (0.133)	0.145 (0.170)
ROA	1.829 *** (0.019)	1.871 *** (0.018)	−1.043 *** (0.131)
_cons	0.078 (0.349)	1.519 *** (0.432)	7.394 *** (0.622)
Year	Yes	Yes	Yes
R^2	0.812	0.875	0.878

注：括号内为标准差；＊＊＊、＊＊、＊分别表示在 1%、5% 和 10% 的显著性水平上显著。

为了探究基于所有权性质的金融资源错配对企业投资效率的差异影响，本书通过设定所有权虚拟变量，并引入金融资源错配与所有权虚拟变量的交叉项进行分析。表 6.4 实证结果表明，在过度投资样本中，交叉项与过度投资呈现 5% 水平上的负相关，说明相比于国有企业，民营企业的过度投资得到有效缓解。而在投资不足样本中，交叉项与投资不足呈现1%水平上的正相关。说明民营企业相比于国有企业而言，金融资源错配加大了其投资不足的程度，国有企业对民营企业的挤出效应使得民营企业难以通过正规金融机构获得债务融资，只能通过较高的融资成本转向非正规金融机构或民间借贷。因此金融资源的较难获得以及融资的高成本使得民营企业投资不足现象普遍存在。

表 6.4　基于所有权性质的金融资源错配对企业投资效率的差异影响

变量	OInvest		UndInvest	
	方程（1）	方程（2）	方程（3）	方程（4）
Fm_{-1}	0.082 * (0.045)	0.050 (0.046)	−0.071 *** (0.012)	−0.074 *** (0.013)
$Fm_{-1} \times Own$	−0.150 ** (0.059)	−0.148 ** (0.059)	0.073 *** (0.014)	0.075 *** (0.014)
Growth	−0.288 *** (0.104)	−0.285 *** (0.106)	−0.013 ** (0.006)	−0.013 ** (0.006)
Size	−0.487 *** (0.109)	−0.944 *** (0.147)	0.247 *** (0.032)	0.146 *** (0.045)
Eps	−0.045 (0.079)	−0.036 (0.079)	0.277 *** (0.039)	0.278 *** (0.040)
Lnstaff	−0.219 * (0.114)	−0.127 (0.116)	0.121 *** (0.032)	0.137 *** (0.032)
Tobin Q	0.164 *** (0.031)	0.154 *** (0.034)	−0.018 ** (0.008)	−0.036 *** (0.010)
Ihold	−1.615 *** (0.569)	−1.281 ** (0.575)	−0.062 (0.172)	0.048 (0.177)
ROA	1.749 *** (0.056)	1.752 *** (0.060)	−1.920 *** (0.085)	−1.911 *** (0.084)
_cons	14.397 *** (2.107)	23.584 *** (2.876)	−7.070 *** (0.626)	−5.085 *** (0.874)
Year	Yes	Yes	Yes	Yes
R^2	0.915	0.917	0.236	0.245

注：括号内为标准差；*** 、** 、*分别表示在1%、5%和10%的显著性水平上显著。

此外，从企业规模角度探究金融资源错配对企业投资效率的差异影响。如表 6.5 所示，金融资源错配与大规模企业的投资不足呈 1% 水平上的显著负相关，与投资过度呈 10% 水平上的正相关，说明金融资源错配缓解了大规模企业的投资不足问题，但却加重了这些企业的投资过度程度。目前大多数承担社会基础设施建设的企业都是大规模企业，因其抵押品价值优势，即使产出效率较低，但仍能够获得债务融资，企业的过度投资进一步造成了产能过剩。从小规模企业来看，金融资源错配缓解了小规模企业的投资过度，加重了其投资不足程度，但其系数及系数差异并不显著。

表 6.5　基于企业规模异质性的分样本回归结果

样本	大规模企业		小规模企业	
变量	OInvest	UndInvest	OInvest	UndInvest
Fm_{-1}	0.016 * (0.009)	−0.020 *** (0.006)	−0.051 (0.105)	0.002 (0.008)
Growth	−0.137 *** (0.044)	−0.016 *** (0.006)	−0.400 (0.283)	−0.025 * (0.014)
Size	0.097 *** (0.019)	0.023 (0.018)	−0.392 (0.704)	0.139 (0.107)
Eps	0.101 *** (0.022)	0.055 (0.042)	0.753 (0.658)	0.439 *** (0.111)
Lnstaff	−0.012 (0.016)	0.145 *** (0.013)	−3.136 *** (0.548)	0.119 (0.072)
Tobin Q	0.046 *** (0.014)	0.035 *** (0.013)	0.027 (0.060)	0.002 (0.012)
Ihold	0.440 *** (0.102)	−0.210 ** (0.088)	−4.863 * (2.625)	0.139 (0.444)
ROA	2.358 *** (0.400)	0.513 (0.377)	1.937 *** (0.114)	−2.196 *** (0.113)
_cons	−1.987 *** (0.371)	−2.309 *** (0.398)	33.789 ** (14.526)	−4.811 ** (2.231)
Year	Yes	Yes	Yes	Yes

续表

样本	大规模企业		小规模企业	
R^2	0.102	0.073	0.970	0.356
经验 P 值	0.186		0.338	

注：括号内为标准差；＊＊＊、＊＊、＊分别表示在 1%、5% 和 10% 的显著性水平上显著。

进一步从行业性质角度考察金融资源错配对企业投资效率的差异影响，如表 6.6 所示。从房地产企业来看，金融资源错配与投资过度呈 10% 水平上的正相关，与投资不足的负相关关系不显著。从制造业企业来看，金融资源错配与投资过度呈 1% 水平上的正相关，与投资不足呈 1% 水平上的负相关。进一步比较不同企业间金融资源错配对企业过度投资的差异性影响发现，房地产企业的投资过度程度显著高于制造业企业。近些年随着住房、土地问题的涌现，不断变大的房地产泡沫占用了较多的债务资源，对制造业企业的发展产生了挤出效应。

表 6.6　基于行业异质性的分样本回归结果

样本	OInvest		UndInvest	
变量	房地产企业	制造业企业	房地产企业	制造业企业
Fm_{-1}	0.096 * (0.048)	0.078 *** (0.023)	0.001 (0.028)	−0.017 *** (0.003)
Growth	−0.042 (0.185)	−0.272 ** (0.130)	−0.001 (0.027)	−0.020 ** (0.009)
Size	0.171 (0.303)	0.096 (0.063)	0.142 * (0.072)	0.071 *** (0.020)
Eps	0.356 (0.376)	0.182 *** (0.051)	−0.254 (0.207)	0.515 *** (0.032)
Lnstaff	−0.012 (0.235)	−0.154 ** (0.065)	0.088 (0.056)	0.087 *** (0.018)
Tobin Q	0.255 (0.210)	0.166 *** (0.029)	−0.225 *** (0.069)	−0.023 *** (0.008)
Ihold	−1.072 (1.211)	0.383 (0.294)	−0.653 * (0.371)	0.298 *** (0.091)

续表

样本	OInvest		UndInvest	
ROA	−4. 445	−0. 828	2. 577	−2. 728 ***
	（5. 799）	（0. 515）	（2. 186）	（0. 058）
_ cons	−2. 780	−0. 651	−4. 429 ***	−3. 037 ***
	（6. 909）	（1. 061）	（1. 536）	（0. 365）
Year	Yes	Yes	Yes	Yes
R^2	0. 083	0. 054	0. 171	0. 538
经验 P 值	0. 034 **		0. 228	

注：括号内为标准差；＊＊＊、＊＊、＊分别表示在1%、5%和10%的显著性水平上显著。

（三）金融资源错配对企业投资效率的间接减损效应分析

根据中介变量检验法，使用计量模型（6.7）、计量模型（6.8）进行回归分析。估计结果见表6.7、表6.8。如表6.7所示，金融资源错配与企业资本结构间存在1%水平上的显著正相关，说明解释变量金融资源错配对中介变量资本结构影响显著。进一步根据表6.8结果可知，中介变量资本结构都与被解释变量呈现1%水平上的显著相关，而相比于未加入中介变量，加入中介变量后的金融资源错配系数变小，在三种不同的检验模式下，系数分别由0.031下降至0.021，0.024下降至0.018，由0.018下降至0.014。因此，综合以上分析，我们认为金融资源错配对企业投资效率产生间接减损效应，资本结构在金融资源错配与企业非效率投资间起着中介作用。

表 6.7　模型（6.7）回归结果

变量	资产负债率 Dl		
	方程（1）	方程（2）	方程（3）
Fm_{-1}	0. 009 ***	0. 007 ***	0. 009 ***
	（0. 001）	（0. 001）	（0. 001）
Growth	−0. 004	0. 003	0. 001
	（0. 003）	（0. 002）	（0. 002）

续表

变量	资产负债率 Dl		
	方程（1）	方程（2）	方程（3）
Size	0.172*** （0.004）	0.060*** （0.007）	0.125*** （0.005）
Eps	−0.124*** （0.006）	−0.088*** （0.007）	−0.098*** （0.006）
Lnstaff	−0.010*** （0.004）	0.040*** （0.007）	0.023*** （0.005）
Tobin Q	0.126*** （0.001）	0.136*** （0.001）	0.134*** （0.001）
Ihold	−0.413*** （0.023）	−0.430*** （0.038）	−0.452*** （0.031）
ROA	−0.215*** （0.004）	−0.261*** （0.003）	−0.250*** （0.003）
_cons	−3.221*** （0.069）	−1.127*** （0.131）	−2.458*** （0.098）
Idustry	Yes	Yes	Yes
Year	Yes	Yes	Yes
R^2	0.593	0.732	0.728

注：括号内为标准差；***、**、*分别表示在1%、5%和10%的显著性水平上显著。

表 6.8　中介效应结果与基本回归结果对比

变量	Invest					
	方程（1）	方程（2）	方程（3）	方程（4）	方程（5）	方程（6）
Fm_{-1}	0.021*** （0.005）	0.031*** （0.005）	0.018*** （0.006）	0.024*** （0.006）	0.014** （0.006）	0.018*** （0.006）
Dl	0.619*** （0.046）		0.524*** （0.049）		0.690*** （0.067）	
Growth	0.002 （0.010）	0.002 （0.011）	0.006 （0.009）	0.005 （0.009）	0.003 （0.007）	0.001 （0.007）

变量	Invest					
	方程（1）	方程（2）	方程（3）	方程（4）	方程（5）	方程（6）
Size	0.008 (0.019)	0.061*** (0.019)	−0.037 (0.023)	−0.003 (0.023)	−0.276*** (0.032)	−0.283*** (0.032)
Eps	−0.061** (0.026)	−0.117*** (0.026)	−0.103*** (0.029)	−0.154*** (0.029)	0.138*** (0.034)	0.150*** (0.034)
Lnstaff	−0.106*** (0.017)	−0.114*** (0.017)	−0.102*** (0.022)	−0.108*** (0.022)	−0.022 (0.032)	−0.047 (0.033)
Tobin Q	0.116*** (0.009)	0.128*** (0.009)	0.095*** (0.009)	0.108*** (0.009)	0.007 (0.009)	0.023*** (0.009)
Ihold	0.046 (0.109)	−0.098 (0.110)	0.032 (0.132)	−0.114 (0.133)	0.388** (0.170)	0.145 (0.170)
ROA	1.852*** (0.019)	1.829*** (0.019)	1.903*** (0.018)	1.871*** (0.018)	−0.490*** (0.140)	−1.043*** (0.131)
_cons	0.811** (0.349)	0.078 (0.349)	1.907*** (0.426)	1.519*** (0.432)	6.562*** (0.620)	7.394*** (0.622)
Year	Yes	Yes	Yes	Yes	Yes	Yes
R^2	0.817	0.812	0.876	0.875	0.879	0.878

注：括号内为标准差；***、**、* 分别表示在1%、5%和10%的显著性水平上显著。

（四）稳健性检验结果

（1）由于惯性和部分调整，企业当期投资效率会受到上期投资效率的影响。同时，由于考虑到金融资源错配的延续性影响以及其他变量的内生性问题，运用当期数据讨论金融资源错配对企业投资效率的影响存在误差，因此本书在式（6.2）的基础上，构建动态面板模型（6.9），同时分别控制年份和行业，采用水平 GMM 和系统 GMM 估计方法进行稳健性检验。如表 6.9 所示，金融资源错配与企业投资效率呈1%水平上的显著正相关，基本上证实了前面的结果，并进一步有效解决了内生性问题。

$$Invest_{i,t} = \alpha_0 + \alpha_1 Invest_{i,t-1} + \alpha_2 Fm_{i,t-1} + \alpha_3 X_{i,t} + \varepsilon_{it} \tag{6.9}$$

表6.9 稳健性检验

变量	Invest					
	方程（1）	方程（2）	方程（3）	方程（4）	方程（5）	方程（6）
Invest$_{-1}$	0.238***	0.195***	0.239***	0.197***	0.241***	0.195***
	(0.025)	(0.016)	(0.024)	(0.015)	(0.024)	(0.015)
Fm$_{-1}$	0.036***	0.035***	0.037***	0.037***	0.037***	0.035***
	(0.014)	(0.013)	(0.014)	(0.013)	(0.014)	(0.013)
Growth	−0.134**	−0.182***	−0.138**	−0.189***	−0.136**	−0.175***
	(0.067)	(0.058)	(0.067)	(0.057)	(0.067)	(0.058)
Size	0.003	0.007	0.004	0.009	0.005	0.010
	(0.011)	(0.012)	(0.012)	(0.012)	(0.012)	(0.012)
Eps	0.110***	0.103***	0.110***	0.101***	0.110***	0.099***
	(0.041)	(0.038)	(0.041)	(0.038)	(0.041)	(0.038)
Lnstaff	−0.060	−0.079*	−0.060	−0.077*	−0.061	−0.097**
	(0.054)	(0.047)	(0.055)	(0.047)	(0.055)	(0.048)
Tobin Q	0.019	0.022**	0.019	0.023**	0.019	0.023**
	(0.013)	(0.010)	(0.013)	(0.011)	(0.013)	(0.011)
Ihold	0.143	0.115	0.111	0.080	0.104	0.078
	(0.238)	(0.217)	(0.235)	(0.216)	(0.235)	(0.216)
ROA	−1.278***	−1.265***	−1.280***	−1.269***	−1.281***	−1.293***
	(0.204)	(0.163)	(0.203)	(0.164)	(0.203)	(0.163)
_cons	3.934***	5.220***	4.062***	5.395***	4.023***	5.251***
	(1.343)	(1.154)	(1.331)	(1.147)	(1.332)	(1.151)
AR（1）Z值（P值）	−5.034 (0.000)	−4.75 (0.000)	−5.055 (0.000)	−4.781 (0.000)	−5.058 (0.000)	−4.738 (0.000)
AR（2）Z值（P值）	0.278 (0.781)	0.067 (0.947)	0.298 (0.765)	0.098 (0.921)	0.302 (0.763)	0.107 (0.914)
Year	No	No	Yes	Yes	Yes	Yes
Industry	No	No	No	No	Yes	Yes

注：括号内为标准差；***、**、*分别表示在1%、5%和10%的显著性水平上显著。

（2）本书在检验资本结构在金融资源错配对企业非效率投资影响过程中的中介效应时，分别以有息负债率、横向杠杆率以及纵向杠杆率来表示资本结构。

其中，有息负债率用短期借款、长期借款、应付票据、一年内到期的非流动负债、应付短期债券以及应付债券之和与总资产的比值来衡量，横向杠杆率用长期借款和短期借款总和与净资产之比来衡量，纵向杠杆率用长期借款与长期借款和短期借款总和之比来衡量。在对模型（6.2）、模型（6.7）、模型（6.8）重新检验后，研究结论基本保持不变，由于篇幅限制，研究结果在附录中列示。

四、本章小结

本章主要是从行业内企业间金融资源错配的视角，基于现代资本结构理论中的 MM 理论，构建了金融资源错配对于企业投资效率影响的理论模型。研究在 MM 理论的假设条件放宽的情形下，金融资源错配是如何通过扭曲资本结构的债务融资属性，将这一扭曲传导至实体经济中的企业非效率投资。在理论分析基础上，本章基于 2008~2017 年沪深 A 股上市公司的面板数据，实证检验金融资源错配对企业非效率投资、投资不足和投资过度的影响，以及资本结构在金融资源错配与企业非效率投资间所起的中介效应。同时，基于前文所述我国金融资源错配的表现和现状，进一步分析了基于所有权性质、企业规模性质以及企业所在行业性质的金融资源错配对企业投资效率的差异影响。研究表明，金融资源错配对企业投资效率产生直接减损效应，金融资源错配引致我国企业非效率投资显著增加。从所有制属性上看，金融资源错配引致民营企业投资不足严重；从企业规模上看，金融资源错配引致大规模企业投资过度程度加深；从行业性质上看，金融资源错配加大了房地产企业的投资过度，房地产企业对制造业企业产生挤出效应。进一步研究发现，金融资源错配对企业投资效率产生间接减损效应，资本结构在金融资源错配与企业非效率投资关系中起到中介作用。金融资源错配通过扭曲资本结构的市场治理属性，导致金融资源配置偏离了帕累托最优的经济状态，进一步引致微观企业非效率投资。

在中国目前的金融体系中，政府仍然起着重要的主导作用。中国的国家控股商业银行虽经过市场化改革，已经逐渐脱离传统的公司治理模式，具备了市场经济的公司治理结构。但即便如此，银行在资源配置上仍然受政府宏观政策的影响。因此，现存的金融资源错配现象是基于融资体制的金融资源错配，金融体系的"所有制偏好"不但未能提高国有企业的企业绩效以及投资效率，同时对于民营企业的信贷歧视以及融资限制在一定程度上阻碍了其资本回报率和投资效率的提高。

第七章　金融资源错配的企业风险效应

自全球金融危机以来，我国债务负担日益增加。从全球各国横向比较来看，我国非金融部门的杠杆率与美、英等发达国家不相上下，但非金融部门中的非金融企业杠杆率却处于最高位置。如图 7.1 所示，截至 2017 年第二季度末，非金融企业部门杠杆率为 163.4%，自 2006 年至 2017 年第二季度末上升了 58 个百分点，高杠杆可能威胁到金融体系的稳定。钟宁桦等（2016）借助微观企业数据研究发现，我国微观企业资产负债率与企业部门的债务率存在背离，即企业部门的债务率居高不下，而微观企业的资产负债率保持平稳并有所下降，即使有小幅上升，但上升幅度也远远小于企业部门债务率。因此，将企业部门的宏观杠杆率归因于微观企业的资产负债率上升是不全面的，出现杠杆背离可能与 2011 年以来实体经济效益的持续下滑密切相关。从宏观层面分析，在我国人口红利优势减弱的过程中，技术创新程度并未大幅提高，这导致了资本边际报酬递减，资产收益率下降（见图 7.2）。

非金融企业部门整体资产效益下降的一个可能原因是，产出效率低的企业在加杠杆，而产出效率高的企业被迫去杠杆，金融资源出现结构性错配。也就是说，低效益企业本身偿付能力较差，这些企业的杠杆率上升进一步加大了其无法偿还贷款的概率，从而对银行资产的流动性需求造成负面影响。与此同时，这也降低了金融资源的使用效率，造成资源浪费。此外，对实体经济发展具有促进作用的高效益企业却因政府干预以及制度因素而面临被迫去杠杆的境遇。

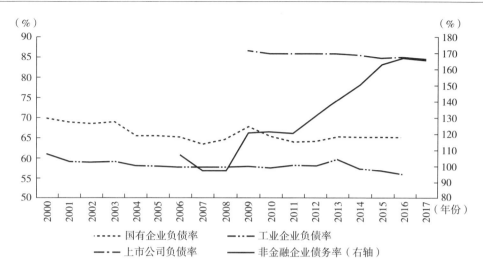

图 7.1 非金融企业不同口径的资产负债率与债务率

资料来源：Wind 数据库、国际清算银行。

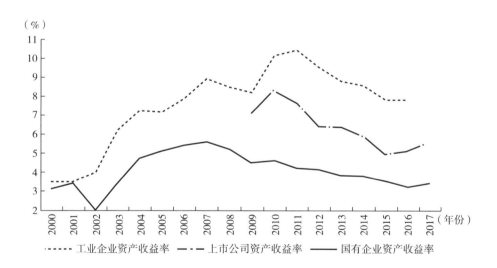

图 7.2 中国非金融企业资产收益率

资料来源：Wind 数据库。

因此，金融资源错配导致高效益企业与低效益企业杠杆率之间的背离，这不但涉及杠杆率总量问题，同时对杠杆率结构也产生了重要影响。杠杆率结构的不合理会进一步传导至企业资金使用效益和企业经营风险。企业部门杠杆率上升的原因并不仅仅局限于微观杠杆率，还与资产效益的下降、金融资源的错配有关，那么仅依靠减少债务总量的方式是远远不够的。引导金融资源流向高效益企业、淘汰低效产能、提高企业生产经营效率，对于解决高杠杆问题以及有效降低企业的风险承担具有重要的意义。

本章的主要工作是探究金融资源错配的企业风险效应，即金融资源错配对企业风险的影响机制。一方面，从企业杠杆率角度，探究金融资源错配通过杠杆率途径作用于企业风险，即金融资源错配提高了企业杠杆率，增加了企业的风险承担；另一方面，从企业经营效率角度，探究金融资源错配通过经营效率途径作用于企业风险，即金融资源错配降低了企业的经营效率，从而增加了企业的风险承担。同时，进一步基于我国金融资源的所有制错配和区域错配，探究金融资源不同类型的错配对企业风险的差异影响。本书通过测算企业风险指标，将宏微观角度相结合，尝试研究宏观层面的金融资源错配对微观企业风险的效应大小，为不断提高资源配置的能力、有效防范债务风险提供了微观证据和政策依据。

一、金融资源错配的企业风险效应理论分析

近年来，我国企业杠杆率保持平稳并有所下降，但非金融企业部门的杠杆率却居高不下，这可能与 2011 年以来实体经济资产收益率的持续下滑密切相关。一方面，金融资源的结构性投向错配导致部分企业杠杆率升高，增加了企业的风险承担；另一方面，金融资源错配使产出效率高的企业无法获得债务融资，在降低了企业经营效率的同时，促使企业以更高的成本从非正规金融机构融资，提高了企业的经营风险并加大了其陷入财务困境的可能性。本节主要针对这两方面机制展开研究。

（一）金融资源错配、企业杠杆率与企业风险

大多数关于杠杆率的研究都假定资本可获得性仅取决于企业特征。权衡理论（Kraus 和 Litzenberger，1973）认为，如何平衡举债的减税收益与破产成本，进而将企业价值维持在最高水平，是企业主体追求的根本目标。其中，债务成本包括债务积压（Myers，1977）、风险转移（Jensen 和 Meckling，1976）、破产成本（Gruber 和 Warner，1977）和资产低价抛售（Schleifer 和 Vishny，2011）。因此，在资本结构的权衡理论下，企业通过计算税收优势、财务困境成本以及债务与权益的激励效应来确定其杠杆率。无摩擦的资本市场，使企业可以为 NPV 为正的项目筹得资金，企业杠杆完全是企业债务需求的函数。但事实上，信息不对称性的存在使外部借贷者不易评估企业业绩及投资项目的质量，企业无法获得充足的资金，甚至有时会被贷方配给（Stiglitz 和 Weiss，1981），金融市场摩擦使企业资本结构与企业资本的来源联系起来。当衡量企业杠杆率的时候，不仅要考虑其需求方因素，同时也要衡量融资约束即供给方的因素（Faulkender 和 Petersen，2006）。

Korajczyk 和 Levy（2003）为宏观经济环境影响企业资本结构选择这一研究提供了新的证据。文章通过建模设定目标资本结构为宏观经济条件和企业特定变量的函数。根据企业所面临的融资约束差异来分割样本，发现对于不受融资约束的样本来说目标杠杆是逆周期的，而对受到融资约束的样本来说是顺周期的。由于金融市场的不完善、融资约束等因素，我国金融资源错配现象普遍存在。金融资源的配置偏离效率原则，产出效率并不高的主体反而能够获得金融资源。于泽等（2015）指出，我国货币政策执行模式加大了金融市场不完善。由于贷款规模管制，银行表内贷款稀缺，而国有企业因其企业规模等优势拥有大量的抵押品，更容易获得银行贷款。民营企业虽总体生产效率远高于国有企业，但仍然面临着较严重的融资约束，金融资源错配显著提高了国有企业的杠杆率。目前我国总体上仍秉承结构型宽松的宏观政策，信贷投放的环境进一步推动金融资源错配。同时，周黎安（2007）指出，地方政府官员的晋升锦标赛模式使地方政府官员基于提高 GDP 增长速度的内在激励，对国有大中型企业采取补贴和利率优惠，这推动了信贷规模上升，间接推高了企业的负债率水平。基于权衡理论分析，当企业

债务水平较低时，通过借债所获得的抵税收益会增加企业价值。但随着债务水平的升高，借债所带来的财务困境的不利影响超过抵税收益，企业价值会急速下降。同时，由于信贷泡沫破裂，经济急速下滑，这会导致金融危机的发生。Kiyotaki 和 Moore（1997）指出，在公司杠杆超过最优杠杆率点的时候，杠杆的增加由于加大了违约的可能性导致了外部融资的高成本，降低了投资以及产出，并进一步通过放大和传播经济中的负向冲击引发严重的经济停滞（Bernanke et al.，1998）。因此，我国目前存在的基于所有权性质、规模性质、行业性质以及区域性质的金融资源结构性错配，使部分企业杠杆率不断升高，推高了企业部门的整体杠杆率水平。经济中所承担的杠杆水平已逼近甚至超过了阈值，企业风险发生的可能性不断增大。综合以上分析，提出本章假设1。

假设1：金融资源错配推高了企业杠杆率，从而增加了企业的风险承担。

（二）金融资源错配、企业经营效率与企业风险

在研究企业经营效率和经营业绩的指标中，主要包含总资产周转率和企业增加值率两个指标。从企业微观层面来看，企业增加值可定义为"企业通过利用生产能力而产生的总回报"。简单来说，即销售和采购原料投入之间的差异（Tucker 和 Wilder，1977），而增加值率则是增加值与总产值的比重。企业增加值率反映企业投入产出的效果，增加值率越高，企业投入产出的效果越好。进一步地，针对增加值率的影响因素，Tsang 等（2008）指出，研发成果对企业增加值率产生重要影响。张杰等（2013）发现，政府补贴和税收优惠政策、要素市场扭曲也影响企业增加值率。在我国金融资源错配的背景下，未按照市场化原则进行的政府补贴和税收优惠，在一定程度上打击了企业构建自身核心竞争力方面的积极性，削弱了其在创新及品牌效应建设上的动力，进而对企业收益及增加值率产生负面效应。要素市场扭曲所引致的对要素资源的配置、管制权和定价权的内在要求也在一定程度上降低了企业的增加值率。此外，从资产周转率角度来看，钟覃琳等（2016）采用总资产周转率，即营业收入与总资产的比值，来探究影响企业经营效率和企业绩效的渠道效应。Singh 和 Davidson（2003）提出使用资产使用效率法，即用资产周转（年销售额/总资产）来测定企业资产使用效率。资产

周转率越低，说明管理层对资产使用的效率越低。金融资源错配的存在，赋予生产率并不高的国有企业较高的杠杆率，而面临融资约束的民营企业因其无法满足企业投资所需的资金需求，其资产周转率的提高受到阻碍。因此，从企业增加值率和资产周转率两方面分析，金融资源错配在一定程度上降低了企业的经营效率，削弱了高产出企业的发展潜力。同时，金融摩擦的存在催生了差异化金融市场和机构的兴起（Leland 和 Pyle，1977；Diamond，1984；Ramakrishnan 和 Thakor，1984）。在这样的背景下，这些企业为了维持原有的效率水平，会以更高的成本寻求银行以外的机构贷款，同样推高了负债率水平，加大了企业的风险承担。因此，提出本章假设 2。

假设 2：金融资源错配降低了企业的经营效率，从而增加了企业的风险承担。

上文分析了金融资源错配通过提高企业杠杆率、降低企业经营效率来对企业风险产生影响。此外，我国金融资源错配存在基于所有权性质、行业性质及区域性质的差异性，不同类型企业所获得的金融资源不均衡。所有权性质不同的企业在获得政府补贴以及市场准入等方面存在差别。国有企业的社会属性和预算软约束决定了其在资本可获得性和市场进入垄断程度上拥有显著优势，而民营企业即使在资产收益率以及资产周转率、增加值率等经营效率方面胜于国有企业，但在获得政府优惠政策和关键要素的机会和数量上仍然处于劣势地位，金融资源存在产权错配。从区域性质来看，位于要素市场扭曲程度不同的地区中的企业其获取要素成本上的差异，也会影响企业价值和整体收益，金融资源存在区域错配。从行业性质来看，近年来我国高杠杆率行业主要集中于房地产业、钢铁和煤炭开采行业、采矿及矿物加工制造业、交通运输及电力行业。但这些行业的总资产收益率及资产周转率和增加值率指标普遍较低，金融资源存在行业错配。综合来看，从企业所有权性质、所在区域和所属行业多方面分析，能够获得金融资源的企业，其资产收益率、企业经营效率反而更低。金融资源未按照市场化原则进行分配，而是更多地流向了资产周转率低、企业增加值率低的企业，这样一来便无法获得预期收入和产出。金融资源错配推高了经营效率本就不高的企业的杠杆率，更增加了企业陷入财务困境的可能性。因此，提出本章假设 3。

假设3：金融资源错配使经营效率低的企业杠杆率上升，增加了企业的风险承担。

二、金融资源错配的企业风险效应实证研究设计

（一）资料来源与样本选择

本章选取了2008~2017年我国沪深两市A股制造业上市公司为研究样本。其中，剔除以下公司：①金融类上市公司；②ST类上市公司和PT类上市公司；③数据缺失和异常的上市公司。最终得到2034家企业、18306个观测值。回归中在公司层面的省份数据上进行了稳健标准误调整。样本企业的财务数据来自Wind数据库。

（二）模型设定

1. 金融资源错配通过杠杆率途径作用于企业风险

本节通过分别分析金融资源错配对企业风险的影响以及杠杆率在金融资源错配与企业风险间的中介效应，来探究金融资源错配通过杠杆率途径作用于企业风险。本节采用静态面板模型进行估计。

$$Z_{i,t}=\beta_1\times Fm_{i,t}+\beta_2\times X_{i,t-1}+d_i+d_t+\varepsilon_{i,t} \tag{7.1}$$

$$Dr_{i,t}=\beta_1\times Fm_{i,t}+\beta_2\times X_{i,t-1}+d_i+d_t+\varepsilon_{i,t} \tag{7.2}$$

$$Z_{i,t}=\beta_1\times Fm_{i,t}+\beta_2\times Dr_{i,t}+\beta_3 X_{i,t-1}+d_i+d_t+\varepsilon_{i,t} \tag{7.3}$$

在式（7.1）中，$Fm_{i,t}$ 代表金融资源错配，$Z_{i,t}$ 代表企业风险。在式（7.2）中，$Dr_{i,t}$ 代表企业杠杆率。$X_{i,t-1}$ 为控制变量。d_i、d_t 分别为个体和时间效应，随机扰动项 $\varepsilon_{i,t}$ 服从白噪声独立同分布。

2. 金融资源错配通过企业经营效率途径作用于企业风险

本节同样通过分析企业经营效率在金融资源错配与企业风险间的中介效应，

来探究金融资源错配通过企业经营效率途径作用于企业风险。

$$Oe_{i,t}=\beta_1\times Fm_{i,t}+\beta_2\times X_{i,t-1}+d_i+d_t+\varepsilon_{i,t} \tag{7.4}$$

$$Z_{i,t}=\beta_1\times Fm_{i,t}+\beta_2\times Oe_{i,t}+\beta_3\times X_{i,t-1}+d_i+d_t+\varepsilon_{i,t} \tag{7.5}$$

在式（7.4）中，$Oe_{i,t}$ 代表企业经营效率，其中包括总资产周转率 $Atr_{i,t}$ 和企业增加值率 $Va_{i,t}$。$X_{i,t-1}$ 为控制变量。d_i、d_t 分别为个体和时间效应，随机扰动项 $\varepsilon_{i,t}$ 服从白噪声独立同分布。

目前，我国金融资源被过多配置到资产收益低、未来现金流不稳定的企业。这些企业使用较多的债务，会导致财务成本增加，从而提高了债务链断裂的概率，金融资源错配加大了企业发生风险的可能性。因此，本书在模型（7.2）的基础上在解释变量中加入企业经营效率 $Oe_{i,t}$ 以及金融资源错配与经营效率的交互项 $Oe_{i,t}\times Fm_{i,t}$，进一步探究金融资源错配是否使金融资源过多地配置到经营效率较低的企业，增加了企业的风险承担。

$$Dr_{i,t}=\beta_1\times Fm_{i,t}+\beta_2\times Oe_{i,t}+\beta_3\times Fm_{i,t}\times Oe_{i,t}+\beta_4 X_{i,t-1}+d_i+d_t+\varepsilon_{i,t} \tag{7.6}$$

（三）变量选取与定义

1. 企业杠杆率指标（$Dr_{i,t}$）

本书借鉴刘贯春等（2018）中对于企业微观杠杆率的衡量，采用负债/资产，即资产负债率来表示。此外，为进一步探究微观企业高杠杆的作用机制，本书借鉴张小茜和孙璐佳（2017）的研究，在被解释变量中根据杠杆率中位数设定虚拟变量过度杠杆 $Hdr_{i,t}$，杠杆率在所有公司杠杆率中位数以上的取值为 1，否则取 0。同时，在后文的稳健性检验部分中，本书还运用横向杠杆（Leverage A）和纵向杠杆（Leverage B）来衡量企业杠杆率。

2. 企业的经营效率指标（$Oe_{i,t}$）

企业经营效率指标包括总资产周转率（$Atr_{i,t}$）和企业增加值率（$Va_{i,t}$）。本书借鉴王宇伟等（2018）将总资产周转率定义为"营业收入/总资产"，而企业增加值率则借鉴宏观上统计增加值的收入法，定义企业增加值率为"（支付给职工以及为职工支付的现金+应交增值税+营业税金及附加+固定资产折旧+营业利润）/营业收入"。

3. 金融资源错配指标（$Fm_{i,t}$）

根据前文所述，本书采用直接方法测度金融资源错配，借鉴邵挺（2010）、Chari 等（2007）以及 Song 等（2009）的研究，用金融错配负担水平，即每个企业的资金使用成本对所在行业的平均资金使用成本的偏离度来衡量金融资源错配。偏离度越大，说明企业所承担的金融资源错配程度越大。

4. 企业风险指标（$Z_{i,t}$）

早在 Eidleman（1995）的研究中指出，通过 Altman 的 Z 值公式能够准确地得出清晰的结论并有效预测破产风险。在国外，它被审计员、管理顾问以及法院所使用，甚至作为数据库系统中的一部分来对贷款进行评估。而在国内，向德伟（2002）认为，Z 值计分法对于行业和企业的破产风险整体指导性较强，在我国的适用范围更加广泛。因此，本书通过借鉴 Eidleman（1995）、向德伟（2002）的研究，同样采用 Altman（1968）的 Z 指标（Z-score）来衡量企业风险。同时，在本章稳健性检验部分采用修正后的 Z 值以进一步验证本书的结果。

$$Z = 1.2 \times X_1 + 1.4 \times X_2 + 3.3 \times X_3 + 0.6 \times X_4 + 0.999 \times X_5 \tag{7.7}$$

其中，X_1 为"营运资本/总资产"，X_2 为"留存收益/总资产"，X_3 为"息税前利润/总资产"，X_4 为"权益估值/总负债"，X_5 为"营业收入/总资产"。Z 指数用于衡量企业陷入财务危机的可能性，该指数越小，表示企业风险越大。

5. 控制变量（$X_{i,t}$）

根据本书研究目的，选取股东持股（Ihold）、盈利能力（ROA）、上市年限（Lnage）、非债务性税盾（Ndts）、有形资产比例（Tar）、企业规模（Size）、企业成长性（Growth）、所有权性质（Own）作为控制变量。为了降低内生性，前七个控制变量皆采用滞后一期（$t-1$ 期）的值。具体变量的定义与计算如表 7.1 所示。

表 7.1　变量定义与计算

变量名称	变量符号	变量定义与计算
企业杠杆率	Dr	总负债/总资产
横向杠杆	Leverage A	财务杠杆，（长期借款+短期借款）/总资产
纵向杠杆	Leverage B	债务期限结构，长期借款/（长期借款+短期借款）

续表

变量名称	变量符号	变量定义与计算
过度杠杆化	Hdr	虚拟变量，杠杆率在所有公司杠杆率中位数以上的取1，否则取0
企业风险	Z	Z=1.2×营运资本/总资产+1.4×留存收益/总资产+3.3×息税前利润/总资产+0.6×股票总市值/负债+0.999×营业收入/总资产
	Z′	Z′=0.717×营运资本/总资产+0.847×留存收益/总资产+3.107×息税前利润/总资产+0.420×所有者权益/负债+0.998×营业收入/总资产
	Z″	Z″=6.56×营运资本/总资产+3.26×留存收益/总资产+6.72×息税前利润/总资产+1.05×所有者权益/总资产+3.25
总资产周转率	Atr	营业收入/总资产
企业增加值率	Va	（支付给职工以及为职工支付的现金+应交增值税+营业税金及附加+固定资产折旧+营业利润）/营业收入
金融资源错配	Fm	［利息支出/（负债-应付账款）-行业平均利率］/行业平均利率
股东持股	Ihold	前十大股东持股比例
盈利能力	ROA	息税前利润/总资产
上市年限	Lnage	（观测年-上市年）+1，取自然对数
非债务性税盾	Ndts	固定资产折旧/总资产
有形资产比例	Tar	固定资产/总资产
企业规模	Size	总资产的自然对数
企业成长性	Growth	营业收入增长率
所有权性质	Own	国有企业-1；民营企业-0

三、金融资源错配的企业风险效应实证结果分析

（一）变量描述性统计

表7.2列出了样本观测值的描述性统计和Pearson相关性检验。根据Panel A可知，样本中企业杠杆率（Dr）中位数为0.399，标准差为0.502。金融资源错配（Fm）标准差为2.891，中位数为-0.687。企业风险（Z）均值为9.366，标

准差为 16.50，中位数为 4.827，平均值为中位数的 2 倍左右，表明公司的风险差异较大。根据 Panel B 的 Pearson 相关系数检验可以初步判断，金融资源错配与企业杠杆率之间存在正相关关系，与资产周转率和企业增加值率间存在负相关关系。同时，金融资源错配与 Z 值呈负相关关系，说明金融资源错配增加了企业风险。解释变量与被解释变量间的相关性均符合理论预期，各个解释变量之间的相关系数较低，且不存在多重共线性问题。

表 7.2　变量描述性统计和 Pearson 相关性检验

Panel A 描述性统计

变量	观测值	均值	标准差	最大值	最小值	25%分位	50%分位	75%分位
Dr	16799	0.417	0.502	41.940	0.007	0.248	0.399	0.551
Leverage A	16807	0.141	0.163	10.690	0	0.015	0.108	0.227
Leverage B	13681	0.195	0.279	1.000	0	0	0.039	0.306
Z	12606	9.366	16.50	433.900	−104.200	2.625	4.827	9.825
Z′	16135	2.459	2.431	65.280	−68.630	1.425	2.088	2.990
Z″	16799	8.827	8.008	155.300	−341.500	5.657	7.835	10.840
Atr	16800	0.7919	0.524	22.236	0	0.477	0.691	0.983
Va	16824	0.2590	0.529	10.143	−53.624	0.168	0.258	0.354
Fm	9535	2.21e-09	2.891	70.110	−1	−0.852	−0.687	−0.264
Ihold	12840	0.591	0.159	1.012	0.104	0.480	0.601	0.714
ROA	16799	0.087	0.214	22.000	−5.169	0.037	0.071	0.122
Age	18306	6.342	6.917	28	0	0	4	11
Ndts	16158	0.022	0.015	0.217	−0.001	0.012	0.019	0.029
Tar	16796	0.234	0.140	0.902	3.77e−05	0.128	0.210	0.317
Size	16807	21.400	1.330	27.310	16.570	20.490	21.300	22.170
Growth	16142	0.209	1.295	107.100	−1.000	0.004	0.131	0.284

Panel B Pearson 相关系数检验

变量	Dr	Z	Atr	Va	Fm	Size	ROA	Growth	Ihold	Lnage	Tar	Ndts
Dr	1.0000											
Z	−0.2834	1.0000										

续表

变量	Dr	Z	Atr	Va	Fm	Size	ROA	Growth	Ihold	Lnage	Tar	Ndts
Atr	0.0582	−0.0970	1.0000									
Va	−0.3379	0.0910	−0.0550	1.0000								
Fm	0.2884	−0.0906	−0.0808	−0.0746	1.0000							
Size	0.0760	−0.1465	−0.0735	−0.0430	0.0158	1.0000						
ROA	−0.0942	0.0627	0.1245	−0.5012	−0.0844	−0.1489	1.0000					
Growth	0.0096	−0.0092	0.1297	0.0096	0.0197	−0.0242	0.0244	1.0000				
Ihold	−0.1011	0.1453	0.0625	0.0696	−0.1323	−0.0181	0.0651	0.0007	1.0000			
Lnage	0.1917	−0.2705	0.0777	−0.0835	0.1225	0.3959	−0.0414	0.0014	−0.5264	1.0000		
Tar	0.0784	−0.1634	0.0112	−0.0755	0.0084	0.1177	−0.1001	−0.0456	−0.1140	0.2162	1.0000	
Ndts	0.0865	−0.1426	0.1071	−0.0373	0.0200	0.0596	−0.0642	−0.0596	−0.1350	0.2354	0.8014	1.0000

（二） 金融资源错配对企业风险的影响

1. 金融资源错配对企业风险的影响

表 7.3 中的方程（1）、方程（2）、方程（3）分别采用混合回归、固定效应回归以及随机效应回归进行分析，方程（4）是按照省份聚类进行稳健标准误调整后的结果。根据回归结果分析可知，金融资源错配与 Z 值呈现 1% 水平上的显著负相关，金融资源错配越严重，Z 值越低，企业风险越大，说明金融资源错配显著增加了企业的风险承担。

表 7.3 金融资源错配对企业风险的影响

模型 变量	企业风险（Z）			
	（1）	（2）	（3）	（4）
Fm	−0.215 ***	−0.101 ***	−0.109 ***	−0.215 ***
	（0.023）	（0.021）	（0.020）	（0.072）
Size$_{-1}$	−1.883 ***	−2.031 ***	−2.126 ***	−1.883 ***
	（0.073）	（0.141）	（0.123）	（0.128）
ROA$_{-1}$	8.769 ***	4.173 ***	4.295 ***	8.769
	（1.041）	（0.767）	（0.754）	（5.375）

续表

模型 变量	企业风险（Z）			
	（1）	（2）	（3）	（4）
Growth$_{-1}$	0.018 （0.025）	0.011 （0.015）	0.009 （0.015）	0.018 （0.011）
Ihold$_{-1}$	4.889*** （0.587）	3.380*** （0.721）	3.798*** （0.685）	4.889*** （0.886）
Lnage$_{-1}$	−0.201* （0.119）	−0.915*** （0.216）	−0.683*** （0.181）	−0.201 （0.128）
Tar$_{-1}$	−2.141** （0.861）	−0.225 （0.794）	−0.312 （0.770）	−2.141 （1.331）
Ndts$_{-1}$	−9.286 （8.336）	−12.873 （8.089）	−15.802** （7.765）	−9.286 （14.029）
Constant	43.017*** （1.480）	48.009*** （2.942）	49.865*** （2.531）	43.017*** （2.627）
年份固定效应	Yes	Yes	Yes	Yes
省份聚类	No	No	No	Yes
观测值	7176	7176	7176	7176
F		46.69		128.97
Waldχ^2			905.60	
R−squared	0.171	0.114	0.114	0.171

注：括号内为标准差；***、**、*分别表示在1%、5%和10%的显著性水平上显著。

2. 金融资源错配通过杠杆率途径作用于企业风险

表7.4为金融资源错配通过杠杆率途径影响企业风险的回归结果。公司层面的控制变量滞后一期，方程（1）、方程（3）和方程（5）控制了年份固定效应，方程（2）、方程（4）和方程（6）未控制年份固定效应。从前两列回归结果可知，金融资源错配与企业杠杆率之间呈现基于1%水平上的显著正相关，金融资源错配每增加一个单位，企业杠杆率分别增加0.009个和0.010个单位，金融资源错配导致企业杠杆率上升。从第五列和第六列的回归结果分析可知，企业杠杆率与Z值之间呈现1%水平上的负相关，企业杠杆率越高，Z值越低，企业风险越大，企业杠杆率的提高增加了企业的风险承担，同时，在加入了企业杠杆率变

量之后，金融资源错配与企业风险间的相关性变小。说明企业杠杆率在金融资源错配与企业风险间存在中介作用，金融资源错配通过杠杆率途径作用于企业风险，即金融资源错配提高了企业杠杆率，从而增加了企业的风险承担，基本证实了本章的假设1。

表7.4　金融资源错配通过杠杆率途径影响企业风险

模型 变量	企业杠杆率（Dr）		企业风险（Z）		企业风险（Z）	
	（1）	（2）	（3）	（4）	（5）	（6）
Fm	0.009***	0.010***	−0.101***	−0.105***	0.017	0.019
	（0.001）	（0.001）	（0.021）	（0.021）	（0.019）	（0.020）
Dr					−11.950***	−12.478***
					（0.375）	（0.380）
$Size_{-1}$	0.034***	0.005	−2.031***	−1.497***	−1.630***	−1.441***
	（0.005）	（0.004）	（0.141）	（0.135）	（0.131）	（0.124）
ROA_{-1}	−0.329***	−0.316***	4.173***	3.437***	0.240	−0.500
	（0.025）	（0.025）	（0.767）	（0.796）	（0.718）	（0.740）
$Growth_{-1}$	0.001	0.000	0.011	0.006	0.015	0.011
	（0.001）	（0.000）	（0.015）	（0.015）	（0.014）	（0.014）
$Ihold_{-1}$	−0.123***	−0.121***	3.380***	3.206***	1.909***	1.696**
	（0.023）	（0.024）	（0.721）	（0.751）	（0.667）	（0.691）
$Lnage_{-1}$	0.070***	0.005	−0.915***	0.769***	−0.074	0.828***
	（0.007）	（0.006）	（0.216）	（0.178）	（0.201）	（0.164）
Tar_{-1}	0.007	0.046*	−0.225	−0.156	−0.137	0.424
	（0.026）	（0.026）	（0.794）	（0.819）	（0.732）	（0.752）
$Ndts_{-1}$	0.526**	0.460*	−12.873	−10.829	−6.587	−5.085
	（0.262）	（0.268）	（8.089）	（8.420）	（7.463）	（7.733）
Constant	−0.241**	0.428***	48.009***	34.853***	45.135***	40.198***
	（0.095）	（0.087）	（2.942）	（2.746）	（2.715）	（2.526）
年份固定效应	Yes	No	Yes	No	Yes	No
观测值	7176	7176	7176	7176	7176	7176
F	54.05	69.55	46.69	27.45	111.48	148.92
R-squared	0.130	0.099	0.114	0.109	0.247	0.188

注：括号内为标准差；***、**、*分别表示在1%、5%和10%的显著性水平上显著。

表 7.5 探究了金融资源错配通过过度杠杆化影响企业风险的作用机制。方程
（1）、方程（2）分别采用 logit 模型和 probit 模型估计。根据回归结果可知，金
融资源错配对企业过度杠杆化的影响系数在 1% 的水平上显著为正，说明金
融资源错配加大了企业过度杠杆化的发生概率，在加入了企业过度杠杆化变量的方程
（4）中，过度杠杆化与 Z 值显著负相关，说明过度杠杆化增加了企业的风险。
同时，金融资源错配与 Z 值的相关系数相比于方程（3）而言变小，金融资源错
配对企业风险的影响从 0.105 个单位减少至 0.098 个单位，这也说明金融资源错
配是通过杠杆途径作用于企业风险，进一步支持了本章的假设 1。

表 7.5　基于企业过度杠杆化的金融资源错配对企业风险的影响

模型 变量	过度杠杆化（Hdr）		企业风险（Z）	
	（1）	（2）	（3）	（4）
Fm	0.139*** (0.015)	0.063*** (0.007)	−0.105*** (0.021)	−0.098*** (0.021)
Hdr				−2.911*** (0.154)
$Size_{-1}$	0.813*** (0.033)	0.471*** (0.019)	−1.497*** (0.135)	−1.264*** (0.131)
ROA_{-1}	−7.347*** (0.538)	−3.026*** (0.219)	3.437*** (0.796)	3.125*** (0.773)
$Growth_{-1}$	0.003 (0.008)	0.001 (0.005)	0.006 (0.015)	0.008 (0.015)
$Ihold_{-1}$	−1.009*** (0.228)	−0.738*** (0.133)	3.206*** (0.751)	1.900*** (0.732)
$Lnage_{-1}$	0.212*** (0.043)	0.134*** (0.025)	0.769*** (0.178)	1.010*** (0.173)
Tar_{-1}	1.779*** (0.349)	1.200*** (0.198)	−0.156 (0.819)	0.430 (0.796)
$Ndts_{-1}$	−7.096* (3.274)	−5.949*** (1.849)	−10.829 (8.420)	−12.660 (8.174)

续表

模型 变量	过度杠杆化（Hdr）		企业风险（Z）	
	（1）	（2）	（3）	（4）
Constant	−16.894***	−9.789***	34.853***	31.767***
	(0.676)	(0.377)	(2.746)	(2.670)
观测值	7176	7176	7176	7176
WaldX²				
LRX²	1716.19***	1665.63***		
F			27.45	65.52
R−squared			0.109	0.197

注：括号内为标准差；***、**、*分别表示在1%、5%和10%的显著性水平上显著。

3. 金融资源错配通过企业经营效率途径作用于企业风险

在本书中，企业经营效率可分为总资产周转率和企业增加值率。在表7.6中，方程（1）、方程（2）、方程（3）表示金融资源错配通过总资产周转率途径作用于企业风险。根据回归结果可知，金融资源错配与总资产周转率呈1%水平上的负相关，金融资源错配降低了企业总资产周转率。进一步分析发现，在加入了总资产周转率后，金融资源错配对企业风险的影响程度变小，从0.101个单位减少为0.091个单位。说明总资产周转率在金融资源错配与企业风险间产生中介作用，金融资源错配能够通过企业总资产周转率途径增加企业的风险承担。方程（4）、方程（5）、方程（6）表示金融资源错配通过企业增加值率作用于企业风险。根据回归结果可知，金融资源错配与企业增加值率之间存在基于1%水平上的负相关，金融资源错配显著降低了企业的增加值率。同时，在方程（6）中，加入了企业增加值率后，金融资源错配对企业风险的影响程度变小，从0.101个单位减少至0.096个单位。说明企业增加值率在金融资源错配与企业风险间产生中介作用，金融资源错配通过企业增加值率途径作用于企业风险。综合以上分析，无论从企业总资产周转率还是从企业增加值率来看，金融资源错配都能够通过企业经营效率途径作用于企业风险，即金融资源错配降低了企业的经营效率，从而增加了企业的风险承担。因此，证实了本章的假设2。

表 7.6 金融资源错配通过企业经营效率途径作用于企业风险

变量 \ 模型	总资产周转率（Atr）	企业风险（Z）		企业增加值率（Va）	企业风险（Z）	
	(1)	(2)	(3)	(4)	(5)	(6)
Fm	-0.007 *** (0.002)	-0.101 *** (0.021)	-0.091 *** (0.020)	-0.003 *** (0.001)	-0.101 *** (0.021)	-0.096 *** (0.021)
Atr			1.326 *** (0.145)			
Va						1.382 *** (0.203)
$Size_{-1}$	-0.138 *** (0.013)	-2.031 *** (0.141)	-1.848 *** (0.141)	-0.051 *** (0.009)	-2.031 *** (0.141)	-1.960 *** (0.141)
ROA_{-1}	0.363 *** (0.069)	4.173 *** (0.767)	3.692 *** (0.764)	0.064 (0.049)	4.173 *** (0.767)	4.084 *** (0.764)
$Growth_{-1}$	0.001 (0.001)	0.011 (0.015)	0.010 (0.015)	0.001 (0.001)	0.011 (0.015)	0.011 (0.015)
$Ihold_{-1}$	-0.192 *** (0.065)	3.380 *** (0.721)	3.635 *** (0.717)	0.092 ** (0.047)	3.380 *** (0.721)	3.254 *** (0.719)
$Lnage_{-1}$	0.055 *** (0.012)	-0.915 *** (0.216)	-0.988 *** (0.214)	-0.021 (0.014)	-0.915 *** (0.216)	-0.886 *** (0.215)
Tar_{-1}	-0.008 (0.072)	-0.225 (0.794)	-0.214 (0.788)	0.111 ** (0.051)	-0.225 (0.794)	-0.379 (0.791)
$Ndts_{-1}$	2.123 *** (0.730)	-12.873 (8.089)	-15.687 * (8.038)	-0.339 (0.521)	-12.873 (8.089)	-12.403 (8.058)
Constant	3.643 *** (0.266)	48.009 *** (2.942)	43.179 *** (2.969)	1.220 *** (0.189)	48.009 *** (2.942)	46.322 *** (2.941)
年份固定效应	Yes	Yes	Yes	Yes	Yes	Yes
观测值	7176	7176	7176	7176	7176	7176
F	30.38	46.69	49.52	7.46	46.69	47.01
R-squared	0.078	0.114	0.127	0.087	0.114	0.121

注：括号内为标准差；***、**、*分别表示在1%、5%和10%的显著性水平上显著。

进一步地，本书试图探究经营效率低下的企业在金融资源错配的背景下是否获得了更多的债务融资，从而增加了企业的风险承担，因此，在模型（7.2）的基础上加入企业经营效率和金融资源错配与企业经营效率的交互项。研究结果如表7.7所示，在方程（1）中，金融资源错配仍与企业杠杆率呈现1%水平上的显著正相关，金融资源错配与总资产周转率的交互项和企业杠杆率呈现显著负相关，说明金融资源被过多地配置到了资产周转率低的企业，导致企业部门杠杆率上升。在方程（2）中，发现金融资源错配与企业增加值率交互项同样对企业杠杆率有显著的负向影响，金融资源过多配置到企业增加值率低的企业，提高了企业部门杠杆率。结合方程（3）和方程（4）发现，金融资源错配使得金融资源被过多地配置到了经营效率低下的企业，增加了企业的风险承担。本章的假设3得到证实。

表7.7 模型（7.6）回归结果

模型 变量	企业杠杆率（Dr）		企业风险（Z）	
	（1）	（2）	（3）	（4）
Fm	0.016 *** （0.001）	0.011 *** （0.001）	−0.101 *** （0.021）	0.017 （0.019）
Dr				−11.950 *** （0.375）
Atr$_{-1}$	−0.005 （0.005）			
Fm×Atr$_{-1}$	−0.011 *** （0.002）			
Va$_{-1}$		−0.026 *** （0.009）		
Fm×Va$_{-1}$		−0.010 *** （0.002）		
Size$_{-1}$	0.034 *** （0.005）	0.034 *** （0.005）	−2.031 *** （0.141）	−1.441 *** （0.124）
ROA$_{-1}$	−0.305 *** （0.026）	−0.252 *** （0.028）	4.173 *** （0.767）	−0.500 （0.740）

续表

模型 变量	企业杠杆率（Dr）		企业风险（Z）	
	（1）	（2）	（3）	（4）
Growth$_{-1}$	0.001 （0.001）	0.001 （0.001）	0.011 （0.015）	0.011 （0.014）
Ihold$_{-1}$	−0.119*** （0.023）	−0.119*** （0.023）	3.380*** （0.721）	1.696** （0.691）
Lnage$_{-1}$	0.071*** （0.007）	0.070*** （0.007）	−0.915*** （0.216）	0.828*** （0.164）
Tar$_{-1}$	−0.003 （0.026）	−0.007 （0.026）	−0.225 （0.794）	0.424 （0.752）
Ndts$_{-1}$	0.657** （0.264）	0.709*** （0.262）	−12.873 （8.089）	−5.085 （7.733）
Constant	−0.256*** （0.095）	−0.254*** （0.095）	48.009*** （2.942）	40.198*** （2.526）
年份固定效应	Yes	Yes	Yes	No
观测值	7176	7176	7176	7176
F	51.84	51.59	46.69	148.92
R−squared	0.139	0.138	0.114	0.188

注：括号内为标准差；***、**、*分别表示在1%、5%和10%的显著性水平上显著。

（三）基于企业异质性的进一步分析

上述基准回归结果表明，金融资源错配导致企业杠杆率升高，降低了企业总资产周转率和企业增加值率，从而增加了企业的风险承担。同时，金融资源被过多地配置到了资产周转率较低和企业增加值率较低的企业，导致企业部门整体的资产收益率下降，更进一步推高了杠杆率，增加了企业发生风险的可能性。那么低资产周转率和低增加值率的企业是哪些企业？金融资源是否存在产权错配和区域错配？金融资源不同类型的错配对于企业杠杆率和企业风险的影响是否存在异质性？本书基于以上问题，进一步对金融资源产权错配和区域错配的影响展开研究。

1. 金融资源产权错配、高杠杆率及企业风险

从所有制视角分析发现，我国民营企业虽然在经营效率和资产收益率方面相比于国有企业具有显著优势，但国有企业的资产负债率仍然高于民营企业（见图 7.3、图 7.4）。针对这一现象赵东启（2016）指出，国有企业的社会属性决定了高杠杆率中的稳增长意愿的重要性。

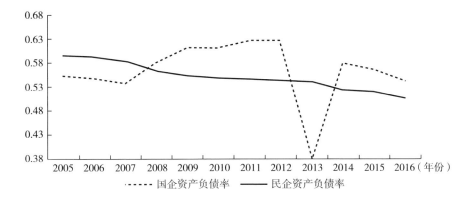

图 7.3　2005～2016 年国企和民企的资产负债率对比

资料来源：Wind 数据库。

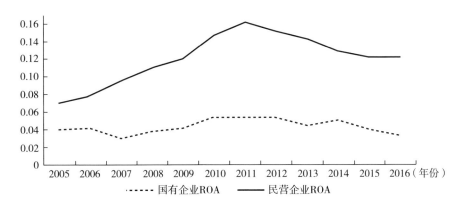

图 7.4　2015～2016 年国企和民企的资产收益率对比

资料来源：Wind 数据库。

因此，本书在验证金融资源错配对企业杠杆率及企业风险影响的基础上，加入产权性质（Own）与金融资源错配的交互项，构建模型（7.8）、模型（7.9）、模型（7.10），以进一步探究产权错配的差异性影响。

$$Dr_{i,t} = \beta_1 \times Fm_{i,t} + \beta_2 \times Fm_{i,t} \times Own + \beta_3 \times X_{i,t-1} + d_i + d_t + \varepsilon_{i,t} \qquad (7.8)$$

$$Oe_{i,t} = \beta_1 \times Fm_{i,t} + \beta_2 \times Fm_{i,t} \times Own + \beta_3 \times X_{i,t-1} + d_i + d_t + \varepsilon_{i,t} \qquad (7.9)$$

$$Z_{i,t} = \beta_1 \times Fm_{i,t} + \beta_2 \times Fm_{i,t} \times Own + \beta_3 \times X_{i,t-1} + d_i + d_t + \varepsilon_{i,t} \qquad (7.10)$$

表 7.8　产权错配与企业杠杆率、经营效率及企业风险的回归结果

变量／模型	企业杠杆率（Dr）	总资产周转率（Atr）	企业增加值率（Va）	企业风险（Z）
Fm	0.013 ***	−0.012 ***	−0.005 ***	−0.142 ***
	(0.001)	(0.002)	(0.001)	(0.029)
Fm×Own	0.053 ***	0.001	0.002	−0.220 ***
	(0.002)	(0.004)	(0.002)	(0.049)
Size_{−1}	0.041 ***	0.024 ***	−0.020 ***	−1.886 ***
	(0.004)	(0.006)	(0.003)	(0.073)
ROA_{−1}	−0.115 **	0.937 ***	0.676 ***	9.314 ***
	(0.052)	(0.088)	(0.044)	(1.047)
Growth_{−1}	−0.001	−0.002	0.001	0.018
	(0.001)	(0.002)	(0.001)	(0.025)
Ihold_{−1}	−0.085 ***	0.284 ***	0.058 **	4.917 ***
	(0.029)	(0.049)	(0.025)	(0.586)
Lnage_{−1}	0.052 ***	0.087 ***	−0.015 ***	−0.209 *
	(0.006)	(0.010)	(0.005)	(0.119)
Tar_{−1}	−0.151 ***	−0.716 ***	0.002	−2.258 ***
	(0.042)	(0.072)	(0.036)	(0.861)
Ndts_{−1}	2.466 ***	9.757 ***	0.689 **	−7.354
	(0.411)	(0.702)	(0.351)	(8.336)
Constant	−0.383 ***	−0.132	0.533 ***	42.981 ***
	(0.073)	(0.124)	(0.062)	(1.479)
年份固定效应	Yes	Yes	Yes	Yes
观测值	7176	7176	7176	7176
R−squared	0.211	0.091	0.070	0.173

注：括号内为标准差；*** 、** 、* 分别表示在1%、5%和10%的显著性水平上显著。

根据表7.8的回归结果所示，在以企业杠杆率为被解释变量的回归中，交互项系数在1%的水平上显著正相关。说明相比于民营企业，金融资源错配显著提

升了国有企业的杠杆率。而从资产周转率和企业增加值率指标来看，交互项系数并不显著，根据对样本中国有企业和民营企业的资产周转率和企业增加值率均值分析可知，国有企业的资产周转率（Atr＝0.791）和企业增加值率（Va＝0.208）均低于民营企业（Atr＝0.793，Va＝0.280）。进一步地，我们用增加值率和资产周转率的乘积"GDP/总资产"（即资产收益率）来反映两者的综合影响。汤铎铎等（2018）从杠杆背离角度出发，即从微观杠杆资产负债率（负债/资产）和宏观杠杆债务率（债务/GDP）的计算公式来分析，宏微观杠杆率的比例主要是来自分母项的增速差异，即资产价值增速快于名义GDP增速，从而导致资产收益率下降，债务率上升。相比于民营企业，国有企业的资产收益率从2007年的5.6%下降至2017年的3.4%，净资产收益率从2007年的6.7%下降至2017年的5.6%，国有企业的资产收益率指标低于民营企业。企业杠杆率、资产周转率、企业增加值率以及资产收益率的共同作用，导致国有部门的杠杆率显著高于民营部门。非金融企业部门的杠杆率主要由国有企业部门逐渐推高。从企业风险的分析结果可知，交互项与企业风险间呈1%水平上的显著负相关，说明，相比于民营企业，国有企业发生风险的可能性提高了22%。综上所述，金融资源所有制错配提高了国有企业杠杆率，加之国有企业的资产收益率低于民营企业，导致国有企业的风险承担增加。

2. 金融资源区域错配、高杠杆率与企业风险

为进一步探究金融资源区域错配影响的差异性，本书将总样本按照地区性质分为东、中、西三个区域，分别探究金融资源错配对企业杠杆率、企业经营效率以及企业风险的影响。根据表7.9、表7.10和表7.11的回归结果可知，金融资源错配对东、中、西部三个区域的企业杠杆率都产生正向影响，同时显著降低了东、中、西部的总资产周转率以及企业增加值率。从系数绝对值来看，东部受到的影响程度更大，说明东部地区的企业部门杠杆率上升明显。此外，通过对金融资源错配对企业风险的回归结果分析可知，金融资源错配降低了Z值，增加了企业发生风险的可能性，且东部地区的系数绝对值为中部、西部的两倍左右（见表7.11）。因此，从地区差异性角度来看，金融资源错配提高了东部地区的企业杠杆率，从而加大了东部地区企业发生风险的可能性。

表 7.9　金融资源区域错配与企业杠杆率

变量＼样本	企业杠杆率（Dr）		
	东部	中部	西部
Fm	0.055***	0.016***	0.015***
	(0.002)	(0.002)	(0.001)
$Size_{-1}$	0.028***	0.055***	0.053***
	(0.005)	(0.005)	(0.005)
ROA_{-1}	0.405***	-1.039***	-0.931***
	(0.071)	(0.091)	(0.075)
$Growth_{-1}$	0.013	-0.001	0.057***
	(0.015)	(0.001)	(0.014)
$Ihold_{-1}$	-0.101**	-0.026	0.056
	(0.041)	(0.040)	(0.044)
$Lnage_{-1}$	0.051***	0.039***	0.056***
	(0.008)	(0.008)	(0.009)
Tar_{-1}	-0.357***	0.084	-0.053
	(0.063)	(0.058)	(0.059)
$Ndts_{-1}$	4.465***	-0.196	2.058***
	(0.583)	(0.592)	(0.652)
Constant	-0.125	-0.659***	-0.719***
	(0.105)	(0.101)	(0.107)
年份固定效应	Yes	Yes	Yes
观测值	4832	1260	1084
R-squared	0.188	0.333	0.356

注：括号内为标准差；***、**、*分别表示在1%、5%和10%的显著性水平上显著。

表 7.10　金融资源区域错配与企业经营效率

变量＼样本	东部		中部		西部	
	总资产周转率（Atr）	企业增加值率（Va）	总资产周转率（Atr）	企业增加值率（Va）	总资产周转率（Atr）	企业增加值率（Va）
Fm	-0.011***	-0.007***	-0.014***	-0.005***	-0.009***	-0.001
	(0.003)	(0.001)	(0.004)	(0.001)	(0.003)	(0.003)
$Size_{-1}$	0.019**	-0.019***	0.017	-0.029***	0.047***	-0.018
	(0.008)	(0.003)	(0.015)	(0.004)	(0.011)	(0.014)

续表

样本 变量	东部		中部		西部	
	总资产周 转率（Atr）	企业增加 值率（Va）	总资产周 转率（Atr）	企业增加 值率（Va）	总资产周 转率（Atr）	企业增加 值率（Va）
ROA_{-1}	0.924***	0.557***	0.676***	0.724***	0.693***	1.052***
	(0.111)	(0.036)	(0.256)	(0.075)	(0.167)	(0.208)
$Growth_{-1}$	0.086***	−0.001	−0.003	0.001**	0.058*	0.058
	(0.023)	(0.008)	(0.002)	(0.001)	(0.030)	(0.038)
$Ihold_{-1}$	0.219***	0.093***	0.517***	0.059*	0.326***	−0.059
	(0.064)	(0.021)	(0.113)	(0.033)	(0.098)	(0.122)
$Lnage_{-1}$	0.084***	−0.002	0.125***	−0.007	0.109***	−0.070***
	(0.013)	(0.004)	(0.024)	(0.007)	(0.021)	(0.027)
Tar_{-1}	−0.846***	−0.005	−0.579***	−0.001	−0.439***	0.067
	(0.099)	(0.032)	(0.164)	(0.048)	(0.131)	(0.164)
$Ndts_{-1}$	10.276***	0.363	9.667***	0.639	8.824***	1.758
	(0.908)	(0.292)	(1.672)	(0.492)	(1.457)	(1.820)
Constant	0.025	0.486***	−0.121	0.711***	−0.848***	0.563*
	(0.164)	(0.053)	(0.285)	(0.084)	(0.238)	(0.298)
年份固定效应	Yes	Yes	Yes	Yes	Yes	Yes
观测值	4832	4832	1260	1260	1084	1084
R-squared	0.082	0.113	0.133	0.175	0.147	0.055

注：括号内为标准差；***、**、*分别表示在1%、5%和10%的显著性水平上显著。

表7.11 金融资源区域错配与企业风险

样本 变量	企业风险（Z）		
	东部	中部	西部
Fm	−0.323***	−0.164***	−0.132***
	(0.042)	(0.040)	(0.025)
$Size_{-1}$	−1.968***	−1.636***	−1.693***
	(0.103)	(0.133)	(0.110)
ROA_{-1}	6.792***	17.001***	12.570***
	(1.405)	(2.357)	(1.626)

续表

样本 变量	企业风险（Z）		
	东部	中部	西部
$Growth_{-1}$	-0.243 (0.296)	0.023 (0.018)	-0.920*** (0.297)
$Ihold_{-1}$	5.457*** (0.811)	4.442*** (1.041)	2.257** (0.952)
$Lnage_{-1}$	-0.189 (0.163)	0.031 (0.217)	-0.253 (0.207)
Tar_{-1}	-1.695 (1.248)	-2.816* (1.508)	-1.337 (1.282)
$Ndts_{-1}$	-7.864 (11.504)	-10.462 (15.384)	-37.516*** (14.217)
Constant	44.513*** (2.079)	37.174*** (2.620)	40.967*** (2.326)
年份固定效应	Yes	Yes	Yes
观测值	4832	1260	1084
R-squared	0.155	0.223	0.284

注：括号内为标准差；***、**、*分别表示在1%、5%和10%的显著性水平上显著。

（四）稳健性检验

1. 动态面板GMM模型

由于考虑到金融资源错配的延续性影响以及进一步解决其他变量的内生性问题，运用当期数据讨论金融资源错配对杠杆率及企业风险的影响存在误差，因此本书建立动态面板模型，并采用GMM进行估计。根据表7.12可知，方程（1）、方程（3）采用差分GMM估计，方程（2）、方程（4）采用系统GMM进行估计。回归系数符号和显著性与前文保持一致，且扰动项无自相关。同时，Sargan检验结果显示，可以在5%的显著性水平上接受"所有工具变量均有效"的原假设。本书的研究结论依然稳健。

表 7.12　动态面板模型估计结果

变量 ＼ 模型	企业杠杆率（Dr）		企业风险（Z）	
	（1）	（2）	（3）	（4）
Dr_{-1}	0.645 ***	0.944 ***		
	（0.058）	（0.015）		
Z_{-1}			−0.001 ***	−0.001 ***
			（0.026）	（0.026）
Fm	0.005 ***	0.005 **	−0.225 ***	−0.225 ***
	（0.002）	（0.002）	（0.029）	（0.029）
$Size_{-1}$	−0.032 ***	−0.025 ***	−1.785 ***	−1.785 ***
	（0.008）	（0.008）	（0.208）	（0.208）
ROA_{-1}	0.113 ***	0.251 ***	7.789 ***	7.789 ***
	（0.043）	（0.037）	（1.008）	（1.008）
$Growth_{-1}$	−0.002	−0.004 *	0.009 ***	0.009 ***
	（0.001）	（0.002）	（0.046）	（0.046）
$Ihold_{-1}$	0.206 ***	0.302 ***	4.955 ***	4.955 ***
	（0.034）	（0.036）	（0.873）	（0.873）
$Lnage_{-1}$	0.033 ***	0.017 ***	−0.052 ***	−0.052 ***
	（0.007）	（0.007）	（0.269）	（0.269）
Tar_{-1}	−0.093 ***	−0.083 ***	−2.347 ***	−2.347 ***
	（0.029）	（0.032）	（0.854）	（0.854）
$Ndts_{-1}$	−0.132	−0.049	−15.132 ***	−15.132 ***
	（0.453）	（0.428）	（8.406）	（8.406）
Constant	0.706 ***	0.389 **	42.292 ***	42.292 ***
	（0.164）	（0.165）	（4.254）	（4.254）
年份固定效应	Yes	Yes	Yes	Yes
观测值	5197	6773	5197	5197
AR（1）Z 值	−4.696	−5.269	−3.168	−3.389
（P 值）	（0.000）	（0.000）	（0.002）	（0.001）
AR（2）Z 值	−0.781	−0.888	0.341	0.428
（P 值）	（0.435）	（0.374）	（0.733）	（0.668）
Sargan	38.926	45.034	31.296	46.946
（P 值）	（0.064）	（0.098）	（0.259）	（0.069）

注：括号内为标准差；*** 、** 、* 分别表示在 1%、5% 和 10% 的显著性水平上显著。

2. 杠杆率指标替换

横向上，根据 Rajan 和 Zingales（1995）的研究，资产负债率（负债/资产）虽然是目前最广泛衡量杠杆率的指标，但它并没有足够表明公司在不久的将来是否会有违约风险和破产风险，因此，本书借鉴其研究，采用"（长期借款+短期借款）/总资产"来衡量杠杆率（Leverage A），同时不考虑应收账款和应付账款的影响；纵向上，借鉴 Fan 等（2013）的研究，从债务期限结构的角度用"长期借款/（长期借款+短期借款）"来表示杠杆率（Leverage B）。结果如表 7.13 所示，金融资源错配与横向杠杆率呈现基于 1% 水平上的显著正相关，说明金融资源错配提高了微观企业杠杆率水平。金融资源错配与纵向杠杆率间呈负相关关系，说明金融错配导致企业更倾向于采用短期融资，短债长用会进一步通过增加破产风险和降低投资效率而损害公司业绩。本书的研究结论保持稳健。

表 7.13　金融资源错配对横向杠杆及纵向杠杆的影响

模型 变量	横向杠杆（Leverage A）		纵向杠杆（Leverage B）	
	（1）	（2）	（3）	（4）
Fm	0.006 *** （0.001）	0.002 *** （0.001）	-0.001 （0.001）	-0.002 * （0.001）
$Size_{-1}$	0.013 *** （0.002）	0.016 *** （0.003）	0.039 *** （0.003）	0.036 *** （0.008）
ROA_{-1}	-0.155 *** （0.022）	-0.126 *** （0.018）	0.046 （0.048）	0.0747 （0.0458）
$Growth_{-1}$	0.001 （0.001）	0.001 （0.001）	0.003 *** （0.001）	0.001 （0.001）
$Ihold_{-1}$	-0.062 *** （0.013）	-0.031 * （0.017）	0.037 （0.024）	0.019 （0.038）
$Lnage_{-1}$	0.010 *** （0.003）	0.046 *** （0.005）	0.028 *** （0.005）	0.065 *** （0.012）
Tar_{-1}	0.252 *** （0.018）	0.025 （0.018）	0.184 *** （0.036）	-0.077 * （0.043）
$Ndts_{-1}$	-0.603 *** （0.178）	-0.262 （0.186）	-1.653 *** （0.346）	-1.290 *** （0.443）

续表

模型 变量	横向杠杆 (Leverage A)		纵向杠杆 (Leverage B)	
	(1)	(2)	(3)	(4)
Constant	-0.071^{**}	-0.152^{**}	-0.672^{***}	-0.565^{***}
	(0.032)	(0.068)	(0.061)	(0.158)
年份固定效应	Yes	Yes	Yes	Yes
观测值	7176	7176	6990	6990
R-squared	0.148	0.085	0.061	0.029
F		33.52		10.83

注：括号内为标准差；$***$、$**$、$*$分别表示在 1%、5% 和 10% 的显著性水平上显著。

3. 企业风险指标替换

本书基准回归中采用 Altman-Z 值对企业风险进行衡量，在式（7.7）中，X_4 权益估值采用的是总市值。但中国上市公司在股改前总市值仅代表部分流通股市值，只占公司股份较小比例。因此，本书在稳健性检验中采用式（7.11）和式（7.12）构建 Z' 和 Z''，对 Altman-Z 值进行修正。其中，X_4 采用所有者权益的账面价值，式（7.11）和式（7.12）用于发展中国家的 Z 值（Altman 和 Saunders，1997）。研究结果表明本书的研究结论依然稳健。

$$Z' = 0.717 \times X_1 + 0.847 \times X_2 + 3.107 \times X_3 + 0.420 \times X_4 + 0.998 \times X_5 \qquad (7.11)$$

$$Z'' = 6.56 \times X_1 + 3.26 \times X_2 + 6.72 \times X_3 + 1.05 \times X_4 + 3.25 \qquad (7.12)$$

表 7.14 金融资源错配对企业风险的影响

模型 变量	企业风险 (Z')		企业风险 (Z'')	
	(1)	(2)	(3)	(4)
Fm	-0.093^{***}	-0.029^{***}	-0.395^{***}	-0.115^{***}
	(0.005)	(0.004)	(0.017)	(0.012)
$Size_{-1}$	-0.137^{***}	-0.194^{***}	-0.467^{***}	-0.433^{***}
	(0.015)	(0.029)	(0.052)	(0.083)
ROA_{-1}	3.270^{***}	1.265^{***}	6.507^{***}	5.344^{***}
	(0.207)	(0.157)	(0.733)	(0.454)

续表

模型 变量	企业风险（Z'）		企业风险（Z''）	
	（1）	（2）	（3）	（4）
$Growth_{-1}$	−0.002 （0.005）	−0.001 （0.003）	0.009 （0.017）	0.002 （0.009）
$Ihold_{-1}$	0.668*** （0.117）	0.327** （0.148）	1.229*** （0.413）	1.645*** （0.427）
$Lnage_{-1}$	−0.135*** （0.024）	−0.490*** （0.044）	−0.848*** （0.084）	−1.841*** （0.128）
Tar_{-1}	−1.021*** （0.171）	−0.279* （0.163）	−2.553*** （0.606）	−1.829*** （0.469）
$Ndts_{-1}$	3.344** （1.655）	−2.989* （1.658）	−36.737*** （5.869）	−15.626*** （4.784）
Constant	4.367*** （0.294）	6.361*** （0.603）	17.766*** （1.042）	17.764*** （1.740）
年份固定效应	Yes	Yes	Yes	Yes
观测值	7176	7176	7176	7176
R−squared	0.155	0.098	0.206	0.142
F		39.24		59.94

注：括号内为标准差；***、**、*分别表示在1%、5%和10%的显著性水平上显著。

四、本章小结

本章主要从行业内企业间金融资源错配的视角，基于现代资本结构理论中的权衡理论，构建金融资源错配对企业风险的理论模型，并基于2008～2017年沪深A股制造业上市公司的经验证据，实证检验金融资源错配是如何通过企业杠杆率以及企业经营效率途径对企业产生风险效应。

研究结果表明：金融资源错配对企业产生风险效应，增加了企业的风险承担。一方面，金融资源错配通过杠杆率途径作用于企业风险，即金融资源错配提高了企业杠杆率，增加了企业的风险承担；另一方面，金融资源错配通过经营效率途径作用于企业风险，即金融资源错配降低了企业的经营效率，增加了企业的风险承担。同时，金融资源错配使金融资源被过多地配置到经营效率低下的企业，更提高了企业陷入财务困境的可能性。进一步分析发现，我国金融资源的所有制错配和区域错配对企业风险的影响存在差异性。因此，不断提高金融资源的配置能力，是稳步推进供给侧结构性改革以及防范债务风险的有效途径。

第八章 研究结论及政策建议

一、研究结论

本书基于沪深 A 股上市公司数据为研究样本，从不同行业间金融资源错配与行业内企业间金融资源错配视角入手，研究我国现存的金融资源错配的内在形成机理和外在形成机理、金融资源错配对全要素生产率和企业投资效率的减损效应以及金融资源错配对企业的风险效应。

（一）我国金融资源错配的现状与指标测度

首先，本书分别从金融资源的所有权错配、规模错配、区域错配以及行业错配对我国现存的金融资源错配现象进行阐述和分析；其次，在指标测度方面，一方面采用间接方法，建立了一个含有部门特定摩擦的多部门竞争均衡模型，通过全要素生产率分解来衡量行业间金融资源错配程度；另一方面，采用直接测度方法，运用金融错配负担水平，即企业的资金使用成本与行业平均资金使用成本的偏离度来衡量企业间金融资源错配。结合"直接测度"方法和"间接测度"方法分别测度行业间金融资源错配以及行业内企业间金融资源错配，为后文有针对性地研究行业间金融资源错配对全要素生产率的减损效应、行业内企业间金融资源错配对企业投资效率的减损效应和金融资源错配的风险效应奠定基础。

（二）我国金融资源错配的形成机理

本书从内在和外在两个方面探究我国金融资源错配的形成机理。研究发现，我国金融资源错配的形成机理既包括信息不对称、利率不合理、要素市场扭曲以及金融摩擦等内在市场因素，同时也包含了所有制差异、政府对国企的倾向性公共政策、分税制改革带来的市场分割以及地方政府干预、预算软约束等外部因素和制度因素。在中国转型式经济增长的发展过程中，造成金融资源错配的市场层面的成因和制度层面的成因不是独立地发挥作用，而是相互交织在一起共同对金融资源配置效率产生影响。国家控股商业银行与国有企业之间的天然联系决定了政府与银行对于国有企业一定程度上的政策倾向，使拥有较多国有企业的城市信贷增长速度快，信贷规模不断增加。相反，民营企业虽在资本回报率以及企业绩效等方面较好于国有企业，但其在信贷资源可得性以及信贷成本方面均处于劣势地位。金融市场本身存在的信息不对称以及金融摩擦，加之二元经济结构导致金融资源在企业之间的配置扭曲，是我国金融资源错配的根源所在。

（三）金融资源错配对全要素生产率的减损效应

本书从行业间金融资源错配的视角，首先借鉴 Aoki（2012）基于税态摩擦因子测度资源错配的框架，建立了一个含有部门特定摩擦的多部门竞争均衡模型。采用"间接测度"方法，并不先验假定某一因素所造成的资源错配程度，而是关注所有潜在因素对资源错配的净影响，将所有可能的扭曲都用加在价格上的"税收楔子"来表达。同时，引入要素流动系数以及要素价格相对扭曲系数来表征要素错配水平。在传统的 Syrquin 分解中，产出变动可分解为要素变动和全要素生产率变动，而全要素生产率的增长进一步分解为行业全要素生产率的变动效应以及资源配置效应。本书通过拓展传统 Syrquin 分解，将资源配置效应又分解为资源价格扭曲变动效应和行业份额效应，探讨不同年份、各个行业、不同生产要素的错配程度对全要素生产率及产出效率的减损效应。在理论分析基础上，本书基于 2008~2017 年我国沪深 A 股上市公司的面板数据进行实证分析，估计全要素生产率大小，计算资本价格相对扭曲系数，并将带有扭曲"楔子"的均衡配置下的产出与不带"楔子"的均衡配置下产出进行比较，计算由要素价格扭曲所导致的金融资源错配的产出缺口。同时，进一步定量分析全样本金融资源错配对全要素生产率以及产出的减损效应，以及分行业、分要素的错配状况变化对全要素生产率以及产出变动的影响。研究发现，从总体来看，金融资源错配现象在我国仍然存在，资本价格扭曲导致金融市场上的不同企业的不平等地位，金融资源错配对全要素生产率以及产出缺口仍存在减损效应。但从变化趋势来看，我国大多数行业的资本价格扭曲状态正逐渐纠正，经济增长逐渐由靠要素投入拉动转向靠资源的重新配置以及结构性改革拉动。说明纠正金融资源错配对于我国经济整体的发展起到一定的促进作用。

（四）金融资源错配对企业投资效率的减损效应

本书从行业内企业间金融资源错配的视角，基于现代资本结构理论中的 MM 理论，构建了金融资源错配对于企业投资效率影响的理论模型。研究在 MM 理论的假设条件放宽的情形下，金融资源错配是如何通过扭曲资本结构的债务融资属性，将这一扭曲传导至实体经济中的企业非效率投资。在理论分析基础上，本书基于 2008~2017 年沪深 A 股上市公司的面板数据，实证检验金融资源错配对企业投资效率的直接减损效应和间接减损效应，即金融资源错配对企业非效率投资、投资不足和投资过度的影响，以及资本结构在金融资源错配与企业非效率投资间所起的中介效应。同时，基于前文所述我国金融资源错配的表现和现状，进一步分析了基于所有权性质、企业规模性质以及企业所在行业性质的金融资源错配对企业投资效率的差异影响。研究表明，金融资源错配对企业投资效率产生直接减损效应，金融资源错配引致我国企业非效率投资显著增加。从所有制属性上看，金融资源错配引致民营企业投资不足严重；从企业规模上看，金融资源错配引致大规模企业投资过度程度加深；从行业性质来看，金融资源错配加大了房地产企业的投资过度，房地产企业对制造业企业产生挤出效应。进一步分析发现，金融资源错配对企业投资效率产生间接减损效应，企业资本结构在金融资源错配与企业非效率投资中起到中介作用，金融资源错配通过扭曲资本结构的市场治理属性，导致金融资源配置偏离了帕累托最优的经济状态，进一步引致微观企业非效率投资。

（五）金融资源错配的企业风险效应

针对金融资源错配的风险效应方面，本书同样从行业内企业间金融资源错配的视角，基于现代资本结构理论中的权衡理论，构建金融资源错配对企业风险的理论模型。同时，基于2008～2017年沪深A股制造业上市公司的经验证据，实证检验金融资源错配是如何通过企业杠杆率以及企业经营效率途径作用于企业风险。研究结果表明：金融资源错配对企业产生风险效应，增加了企业的风险承担。一方面，金融资源错配通过杠杆率途径作用于企业风险，即金融资源错配提高了企业杠杆率，增加了企业的风险承担；另一方面，金融资源错配通过经营效率途径作用于企业风险，即金融资源错配降低了企业的经营效率，增加了企业的风险承担。同时，金融资源错配使金融资源被过多地配置到经营效率低下的企业，更提高了企业陷入财务困境的可能性。进一步分析发现，我国金融资源的所有制错配和区域错配对企业风险的影响存在差异性。因此，不断提高金融资源的配置能力，是稳步推进供给侧结构性改革以及防范债务风险的有效途径。

二、政策建议

研究金融问题，任何时候都不能忽视弱势群体的融资需求。在发挥市场机制促进资金集聚的同时，还要设计适当的机制，在市场机制无法发挥作用的那些领域，通过各类社会组织的融资促进功能、政府"有形的手"、优良的金融市场环境的综合作用，使弱势群体具备稳定运行、自主成长的能力。经济社会运行的不确定性是所有经济主体极为关注，也无法回避的。如果缺乏金融系统的有效支撑，这种不确定性风险防范就会缺乏保障，所有经济主体都会无能为力，而社会自身又难以提供有效的补偿功能，难以提供社会稳定器的机制。只有金融体系充分发挥功能，促进金融资源有效配置，才能形成补偿机制并发挥社会稳定器作用。通过对我国金融资源错配现状的分析，并进一步探究我国金融资源错配的内在形成机理和外在形成机理、金融资源错配对全要素生产率和企业投资效率的减损效应以及金融资源错配的企业风险效应，我们发现，中国金融现实的最大特征是"金融滞后"，金融资源优化配置功能明显不足。根据前文的理论分析和实证研究，本书试图提出以下六点政策建议：

（一）优化金融体系结构，促进资本市场发展

经过 30 多年的艰难发展，资本市场使大批中国企业得到了价值发现和价值重估，这为企业金融资源优化配置和企业融资优势的发挥，提供了有效的市场机制。上市公司价值倍增效应和比照效应的存在，为那些仍未走入资本市场的公司提供了未来进行资本运营的范本，也提供了给予其价值衡量的基准。资本市场的健康发展，是中国众多企业价值重估的最为重要的市场机制。中国资本市场发展的良性循环，有利于价格发现功能的充分发挥，对于企业经营治理及投资者保护等起到至关重要的作用。为进一步推动经济转型，改变中国金融体系结构失衡这一弊病，使金融资源越来越多地通过市场化方式配置，促进资本市场健康发展，应发展以资本市场为核心的金融市场体系，形成主板、中小板、创业板、"新三板"和区域性股权市场，券商柜台市场共同构成的"正金字塔"形的多层次资本市场框架，为经济主体提供多元化融资服务。在大多数发达的股票市场中，机构投资者，如保险公司、养老基金、共同基金和对冲基金都发挥着重要的作用。他们雇用训练有素的专业人员去评估，这使市场的效率高于由个人投资者主导。此外，如果机构投资者积极参与企业监督，并直接参与到企业的决策过程中去，那么机构投资者在公司治理方面可能会有优势。对国家整体而言，提高股票市场效率的有效途径是鼓励进一步发展可以作为机构投资者的国内金融机构，凭借其在相关业务领域的大规模资本和专业知识，金融机构可以提供金融市场极度缺乏的稳定性和专业性。

此外，在加快推进多层次资本市场体系建设的同时，应健全企业价值评估制度。企业价值评估的核心目标是发现价值，为市场参与者提供有价值的信息、提

供鉴证服务，帮助企业和投资者实现价值。进一步地，应健全金融市场信息披露机制。制约融资顺利进行的许多因素，都指向了金融市场信息不充分的问题。一些企业、社会组织具有强烈的主动披露信息的意愿，但又缺乏必要的方法和能力，并且市场经济的发展使各类无效信息充斥市场。"市场注意力"是稀缺的"资源"，各类竞争性信息的出现会降低投资者的及时反应，分散投资者的注意力，使市场对相关信息无法做出及时有效的反应。因此，健全金融市场运行的信息披露机制，有利于重点解决信息不对称问题的困扰，形成信息的制度化供给。有效信息的竞争性披露机制，其关注点在于确立权威信息发布渠道、促进经济主体在权威信息渠道上披露有效信息，剔除无效信息对市场注意力的干扰，最终达到市场信息充分、有效的目标。

（二）促进大型和中小型金融机构的配合

在中国的市场化改革进程中，我们发展了许多中小型金融机构。根据金融资源的等级分类，中小型金融机构作为推动中小企业发展的重要力量，有利于解决中小企业的融资难问题。在中国的金融体系中，大型金融机构仍然占据主导位置，如何激励和引导大型金融机构通过中小型金融机构这一途径为中小型企业进行融资，决定了中小型企业的发展前景。从金融机构的内部权力分配来看，金融机构更愿意强化贷款审批权的向上集中，以规避不良资产风险，提高集约经营水平。但这一模式使银行的基层支行没有权力、缺乏动力去支持中小微企业，难以形成银行业绩提升、基层支行业务发展与中小微企业发展的目标协同。上级行不愿意将贷款权更多地交给基层行，主要是由于代理问题。如果发生企业向基层行行贿或地方政府干预，会造成基层行将贷款放给不具备条件的企业，从而增加银行风险和减少盈利。银行对分支机构的授权，确实存在代理成本和道德风险，而且中小微企业还存在信息不对称问题。解决这一问题主要依靠实际有效的激励机制，调动金融机构的分支机构贷款营销的积极性。在一些主要是大中型企业存在的地区，依靠上级行所掌握的信息对这些大中型企业进行信贷服务；在一些只有中小微企业的地区，金融机构要激励其分支机构服务客户，让基层行的薪酬与中小微企业贷款业务的利润挂钩。

此外，还可以从制度上鼓励大型金融机构经营资金批发业务，由大型金融机构带动一批小型融资机构发展。监管政策上允许大型金融机构将批发于小型融资机构资金所形成的不良资产的容忍度，提高到相当于大型金融机构直接贷款给中小微企业的水平。大型金融机构应通过业务发展和业务形式的准确定位，将自身建成批发金融机构。当前例子是商业银行与小额贷款公司的合作，特别是通过组建批发金融与零售金融服务联盟形式所形成的融资体制，促进了多层次信贷市场的建立。如果大型金融机构将一笔大额贷款投向了一家小型企业，这笔贷款形成坏账的可能性远远大于大型金融机构将这笔贷款经由众多专业的小型融资机构发放给几十家甚至上百家小型微型企业可能造成的资产风险。这种分散风险效应、支持众多中小微企业所带来的社会效益，使金融监管机构将大型金融机构的批发业务所形成的风险容忍度大大提高。

进一步地，还可以通过众多途径激发银行业的竞争精神。中央银行和政府的商业银行可以承担市场领头人的作用。政府可以颁发私人银行执照，但要收取一定的费用，让政府至少占用一部分垄断收益。不是银行，而仅仅是贷款窗口的"银行"——如为农业和出口提供信贷的机构——可以进入货币市场，成为支付手段的供应者。

（三）不断促进征信体系建设，提高征信服务质量

"就商业经济的发展而言，'内部的'市场——借款人信用（或多或少）可以信赖的市场——尤为重要，整个金融发展所依据的基本需要是扩大信誉好的借款人的圈子。"发达的金融制度基础是健全的信用环境。市场经济作为信用经济，是一种以信用交易为主的经济。良好的社会信用是建立规范的市场经济的保证，若一国的信用制度不健全，金融资源配置的链条中断的可能性会大大增加，配置失误和低效率也难免出现。

建立完善的信用体系，加快发展征信事业，围绕信用风险揭示和价值发现这一主要功能，发展完善信用评级行业。对信用评级给予准确的市场定位，逐步建立明确经济社会中的重要事项须经权威信用评级机构出具意见的制度。加强对信用评级机构从业行为的监管，对信用评级机构实施分级、分类管理，完善对信用

评级机构的评价制度和激励、约束机制。

除完善金融市场中的信用鉴证功能外，还应积极发展信用经营行业，积极开展信用风险管理。在中国国内具有实际意义的，是发挥好融资性担保机构进行风险管理和信用增进的作用。融资性担保行业就是经营信用、管理风险的行业。这一行业可以将不完全具备融资条件的企业和个人，尤其是中小微企业，增信为具备融资条件。由于风险管理也是难度较大、技术要求水平较高的事情，因此需要担保机构健全内部治理机制，提升管理信用的技术水平，并要积极推动担保机构与银行等金融机构的合作。双方实行地位对等、风险共担、互惠共赢的合作，共同提升融资性担保机构的行业地位，以此促进金融资源配置的优化。

（四）优化监管理念，加强金融监管

市场机制作为一种制度安排，本身具有金融资源优化配置功能。完善的市场体系可以为各类经济资源进行资本化提供交易平台，可以在无数重复类似的配置活动中沉淀出有效率的配置主体和制度，把那些导致配置失误的主体和制度淘汰出局，它是一种能够提供金融资源组织化发展的动力机制。但市场机制也存在弊端，因其本身就是一种优胜劣汰机制，难以保持长久的稳定性。因此，需要进一步的金融监管。金融监管者在金融资源优化配置中的职责定位，在于通过制度的构建和制度的良好实施，使金融机构和金融市场保持健康运行，提供宏观稳定的金融环境。同时超前研究和适时开启金融准入，推动金融创新发展。金融监管者应时刻把握金融创新的领域和内容，优化监管理念，以严格准入、恰当采取审慎监管与非审慎监管策略为理念，推动金融资源的优化配置。

（五）打破行政垄断，理顺政府与市场的关系

促进政府与市场的协调发展，要进一步放宽对民间金融的限制。充分发挥市场经济的优势的同时，兼顾效率与公平，才能够做到消除金融特权。这就需要深化金融体制改革。经济体制改革的目标是建立市场经济，也就是说要充分发挥市场机制在资源配置中的作用。在这种情况下，金融业务越是市场化，有效率的企业就越有机会获得资金，这样才有机会优先发展。因此可进行增量改革，通过

"体制外"增量金融发展，针对于国有金融触及不到的企业类型和领域，充分发挥民营金融的作用，促进金融资源的优化配置。

优化金融市场环境，使金融市场的价格即利率能够真实反映金融市场运行状况。应进一步推进利率市场化，通过利率这一价格体系向所有经济主体传递金融市场状况的全部信息，继续推进利率市场化定价、构建基准利率体系、完善利率调控机制等改革。同时，充分发挥政府职能中的经济职能，提升经济运行的规模效益，拓宽经济主体的联系渠道，引导经济运行产生集聚态势，促进各类资源优化配置，解决经济运行的无序和市场失灵问题。运行良好的市场需要融合产权制度和包括经济、法律以及社会等一系列相互联系的机构。但在现实情况中，市场发展有时候会被政府政策阻碍。在市场定义薄弱的产权背景下，非市场机构或行政措施的偏好仍然存在。因此，在转型经济的发展过程中，重要的是要协调好市场与非市场机构之间、市场与政府之间的关系并促进其相互影响。由于政府政策的长期负面影响是政策制定者无法随着时间的推移进行调整并以每个时期最富有成效的企业为目标的结果。因此，政府政策应被视为一个过程而非一套固定的规则。例如，产业政策的实施意味着政府应该与私人部门保持联系，更新所需信息，同时采取依据每个时期企业生产率而定的政策工具（Melitz，2003）。也就是说，政府应主要起到监督与提示作用，尽量避免直接干预。为了建立起完善的金融安全网，政府应该在健全金融制度框架中发挥适当的作用。金融资源配置不能完全放任自流，但政府对金融资源配置应当只限于影响和调控，应把工作重点放在研究制定和严格执行市场经济体制规则、健全法制上，为经济发展创造良好的体制条件。

具体而言，尽量促进政策性金融局限在一定的经济领域之内，同时，鼓励民间金融的蓬勃发展。在市场经济的发展过程中，运用市场的方式实现政策性金融功能的有效发挥。例如，在美国等发达国家中，大多通过风险投资市场来实现对高科技企业的扶持，而非利用政策性方式。此外，还有改变利率补贴的形式。经济中存在贷款利率补贴的替代品，这些"替代品"对资本和劳动力的相对需求很少带有偏向性，分配上较为公平，管理起来的代价也不大。政府可以为新的生产工艺和产品市场提供信息与培训服务，承担开发市场的其他成本。这可以保护新企业免遭突然性打击,当新行业确实有利可图时,政府可随时以递减的比率给予退税或减免税收,真正做到事后补贴,而非事前补贴。

(六) 加快国有企业改革,激励民营企业发展

企业作为主要的金融需求者,也是金融资源优化配置的重要主体,金融资源优化配置主要是为促进企业和个人融资便利。在金融资源优化配置的分工和定位中,企业和个人要组织好自身的经营,增强经营和财务状况透明度,优化财务状况,提高信用意识,诚信作为并维护自身的信用记录,提高金融资源的自我组织能力。

在国有企业新一轮的改革背景下,国有企业应发挥其自身优势,既能"独善其身",不断提高自身效率,又要"兼济天下",勇于承担起身为国有企业应有的职能和责任,带动其他企业共同为国家产业的健康发展创造良好的环境。这既是经济发展的客观需要,也是金融深化的前提之一。同时,应不断促进民营企业发展的积极性。金融市场上日益增加的竞争者对于企业的市场开拓能力、企业管理能力以及生产运营能力都提出了较高的要求。作为民营企业自身,要在保证较高生产能力的前提下,不断优化公司治理结构,提高企业经营水平,从而推动投资效率的提高。

三、进一步研究展望

本书研究了我国金融资源错配的形成机理、行业间金融资源错配对全要素生产率的减损效应、行业内企业间金融资源错配对企业投资效率的减损效应以及企业风险效应,是对资源错配已有研究的进一步探讨。然而,随着金融体制改革的不断深化,造成金融资源错配的因素也在逐渐变化。因此,如何在变动趋势中抓住主要矛盾,在理论机制和实证检验方面逐渐完善,并提出有效的政策建议,是本书进一步的研究方向。

在考察我国金融资源错配的形成机理与效应的过程中，本书将金融资源错配归为一种纯粹的静态现象，提出金融市场中的金融摩擦以及制度和政策干预等外部因素阻碍了各国边际产出的平衡。但少数如 Peters（2013）的学者认为资源错配同样会产生动态后果。资源错配通过影响企业的进入和创新激励，不仅在静态上降低资源配置效率，同时还会产生不利的经济增长效应。静态资源错配和生产率增长都是动态过程的均衡结果。因此，今后还应在已有研究的基础上进一步从动态角度考察金融资源错配的相关内容。

在分析企业的融资可得性以及融资成本的过程中，本书中的债务融资来源大多考量的是商业银行等银行业金融机构，未来还需进一步分析企业从信托投资公司、租赁公司、保险公司以及财务公司等非银行金融机构所获得融资的情况，更加关注微观数据的收集和整理，以深化对我国金融资源错配的形成机理与效应的研究。

附　录

金融资源错配对企业投资效率影响的稳健性检验

在分析资本结构在金融资源错配对企业投资效率影响过程中的中介效应时，采用有息负债比（Lwi）、横向杠杆率（Leverage 1）以及纵向杠杆率（Leverage 2）来衡量企业资本结构，其中，有息负债比用短期借款、长期借款、应付票据、一年内到期的非流动负债、应付短期债券以及应付债券之和与总资产的比值来衡量，横向杠杆率用长期借款和短期借款总和与净资产之比来衡量，纵向杠杆率用长期借款与长期借款和短期借款总和之比来衡量。检验结果在附表 1 中列示，本书结论依旧保持不变。

附表 1　金融资源错配与企业资本结构——以有息负债比衡量资本结构

变量	资本结构		
	方程（1）	方程（2）	方程（3）
Fm_{-1}	0.003 *** （0.001）	0.001 *** （0.001）	0.001 ** （0.001）

续表

变量	资本结构		
	方程（1）	方程（2）	方程（3）
Growth	−0.001 （0.001）	−0.001 （0.001）	−0.001 （0.001）
Size	0.058*** （0.002）	0.031*** （0.002）	0.056*** （0.004）
Eps	−0.086*** （0.003）	−0.066*** （0.003）	−0.068*** （0.003）
Lnstaff	−0.014*** （0.002）	0.001 （0.002）	0.003 （0.003）
Tobin Q	−0.003*** （0.000）	−0.001 （0.000）	0.001*** （0.000）
Ihold	−0.109*** （0.011）	−0.128*** （0.013）	−0.196*** （0.016）
ROA	0.007*** （0.002）	−0.007*** （0.001）	−0.010*** （0.001）
_cons	0.003*** （0.001）	0.001*** （0.001）	0.001** （0.001）
Idustry	Yes	Yes	Yes
Year	Yes	Yes	Yes
R^2	0.186	0.208	0.212

附表 2　中介效应与基本回归结果比较——以有息负债比衡量资本结构

变量	Invest					
	方程（1）	方程（2）	方程（3）	方程（4）	方程（5）	方程（6）
Fm_{-1}	0.028*** （0.005）	0.031*** （0.005）	0.023*** （0.006）	0.024*** （0.006）	0.009 （0.007）	0.018*** （0.006）
Lwi	0.494*** （0.082）		0.352*** （0.090）		−0.208* （0.125）	
Growth	0.002 （0.010）	0.002 （0.011）	0.005 （0.009）	0.005 （0.009）	−0.208* （0.125）	0.001 （0.007）

变量	Invest					
	方程（1）	方程（2）	方程（3）	方程（4）	方程（5）	方程（6）
Size	0.037 * （0.019）	0.061 *** （0.019）	−0.016 （0.023）	−0.003 （0.023）	0.009 （0.007）	−0.283 *** （0.032）
Eps	−0.077 *** （0.027）	−0.117 *** （0.026）	−0.127 *** （0.030）	−0.154 *** （0.029）	0.015 （0.009）	0.150 *** （0.034）
Lnstaff	−0.108 *** （0.017）	−0.114 *** （0.017）	−0.105 *** （0.022）	−0.108 *** （0.022）	−0.289 *** （0.041）	−0.047 （0.033）
Tobin Q	0.133 *** （0.009）	0.128 *** （0.009）	0.110 *** （0.009）	0.108 *** （0.009）	−0.221 *** （0.040）	0.023 *** （0.009）
Ihold	−0.048 （0.110）	−0.098 （0.110）	−0.076 （0.133）	−0.114 （0.133）	−0.161 *** （0.042）	0.145 （0.170）
ROA	1.819 *** （0.019）	1.829 *** （0.019）	1.869 *** （0.018）	1.871 *** （0.018）	0.071 *** （0.010）	−1.043 *** （0.131）
_cons	0.398 （0.352）	0.078 （0.349）	1.671 *** （0.432）	1.519 *** （0.432）	−0.384 * （0.215）	7.394 *** （0.622）
Year	Yes	Yes	Yes	Yes	Yes	Yes
R^2	0.813	0.812	0.875	0.875	0.878	0.878

附表 3　金融资源错配与企业资本结构——以横向杠杆率衡量资本结构

变量	资本结构		
	方程（1）	方程（2）	方程（3）
Fm_{-1}	0.003 ** （0.001）	0.003 ** （0.001）	0.005 *** （0.001）
Growth	0.006 *** （0.002）	0.007 *** （0.002）	0.005 ** （0.002）
Size	0.031 *** （0.005）	0.006 （0.007）	0.085 *** （0.009）
Eps	−0.058 *** （0.006）	−0.038 *** （0.007）	−0.048 *** （0.007）
Lnstaff	0.008 （0.006）	0.016 ** （0.007）	0.005 （0.007）

续表

变量	资本结构		
	方程（1）	方程（2）	方程（3）
Tobin Q	−0.002 *** （0.001）	−0.002 *** （0.001）	−0.001 （0.001）
Ihold	−0.157 *** （0.031）	−0.158 *** （0.037）	−0.264 *** （0.038）
ROA	0.012 *** （0.003）	0.010 *** （0.003）	0.010 *** （0.003）
_ cons	−0.376 *** （0.101）	0.118 （0.128）	−1.393 *** （0.173）
Idustry	Yes	Yes	Yes
Year	Yes	Yes	Yes
R^2	0.010	0.011	0.030

附表4 中介效应与基本回归结果比较——以横向杠杆率衡量资本结构

变量	Invest					
	方程（1）	方程（2）	方程（3）	方程（4）	方程（5）	方程（6）
Fm_{-1}	0.030 *** （0.005）	0.031 *** （0.005）	0.016 *** （0.006）	0.024 *** （0.006）	0.017 *** （0.006）	0.018 *** （0.006）
Leverage 1	0.161 *** （0.050）		0.104 ** （0.041）		0.110 * （0.062）	
Growth	0.001 （0.011）	0.002 （0.011）	−0.001 （0.007）	0.005 （0.009）	0.002 （0.007）	0.001 （0.007）
Size	0.052 *** （0.019）	0.061 *** （0.019）	−0.082 *** （0.021）	−0.003 （0.023）	−0.300 *** （0.044）	−0.283 *** （0.032）
Eps	−0.102 *** （0.026）	−0.117 *** （0.026）	0.145 *** （0.028）	−0.154 *** （0.029）	0.156 *** （0.035）	0.150 *** （0.034）
Lnstaff	−0.112 *** （0.017）	−0.114 *** （0.017）	−0.071 *** （0.020）	−0.108 *** （0.022）	−0.048 （0.033）	−0.047 （0.033）
Tobin Q	0.131 *** （0.009）	0.128 *** （0.009）	0.064 *** （0.008）	0.108 *** （0.009）	0.033 *** （0.010）	0.023 *** （0.009）

续表

变量	Invest					
	方程（1）	方程（2）	方程（3）	方程（4）	方程（5）	方程（6）
Ihold	−0.079 （0.110）	−0.098 （0.110）	0.220 * （0.120）	−0.114 （0.133）	0.168 （0.175）	0.145 （0.170）
ROA	1.823 *** （0.019）	1.829 *** （0.019）	−1.073 *** （0.122）	1.871 *** （0.018）	−1.089 *** （0.134）	−1.043 *** （0.131）
_cons	0.202 （0.351）	0.078 （0.349）	2.900 *** （0.396）	1.519 *** （0.432）	7.620 *** （0.856）	7.394 *** （0.622）
Year	Yes	Yes	Yes	Yes	Yes	Yes
R^2	0.813	0.812	0.047	0.875	0.063	0.878

附表 5　金融资源错配与企业资本结构——以纵向杠杆率衡量资本结构

变量	资本结构		
	方程（1）	方程（2）	方程（3）
Fm_{-1}	−0.002 ** （0.001）	−0.002 ** （0.001）	−0.002 ** （0.001）
Growth	−0.002 （0.002）	−0.002 （0.001）	0.001 （0.002）
Size	0.072 *** （0.005）	0.105 *** （0.004）	0.133 *** （0.003）
Eps	0.016 ** （0.006）	0.011 * （0.006）	0.005 （0.006）
Lnstaff	−0.029 *** （0.006）	−0.056 *** （0.004）	−0.086 *** （0.003）
Tobin Q	−0.001 （0.001）	0.001 （0.001）	0.001 （0.001）
Ihold	0.065 ** （0.029）	0.060 *** （0.023）	0.129 *** （0.021）
ROA	−0.031 （0.030）	−0.031 （0.028）	−0.037 （0.035）
_cons	−1.145 *** （0.101）	−1.655 *** （0.074）	−2.152 *** （0.056）

续表

变量	资本结构		
	方程（1）	方程（2）	方程（3）
Idustry	Yes	Yes	Yes
Year	Yes	Yes	Yes
R^2	0.027	0.026	0.195

附表6　中介效应与基本回归结果比较——以纵向杠杆率衡量资本结构

变量	Invest					
	方程（1）	方程（2）	方程（3）	方程（4）	方程（5）	方程（6）
Fm_{-1}	0.014* (0.007)	0.031*** (0.005)	0.013* (0.007)	0.024*** (0.006)	0.012* (0.007)	0.018*** (0.006)
Leverage 2	−0.096** (0.046)		−0.114** (0.046)		−0.119** (0.046)	
Growth	0.010 (0.009)	0.002 (0.011)	0.013* (0.007)	0.005 (0.009)	0.012* (0.007)	0.001 (0.007)
Size	0.051*** (0.018)	0.061*** (0.019)	0.011 (0.009)	−0.003 (0.023)	0.011 (0.009)	−0.283*** (0.032)
Eps	0.084*** (0.031)	−0.117*** (0.026)	0.035* (0.019)	−0.154*** (0.029)	0.032* (0.019)	0.150*** (0.034)
Lnstaff	−0.115*** (0.015)	−0.114*** (0.017)	0.091*** (0.031)	−0.108*** (0.022)	0.088*** (0.031)	−0.047 (0.033)
Tobin Q	0.065*** (0.010)	0.128*** (0.009)	−0.114*** (0.015)	0.108*** (0.009)	−0.112*** (0.015)	0.023*** (0.009)
Ihold	0.295*** (0.095)	−0.098 (0.110)	0.065*** (0.010)	−0.114 (0.133)	0.065*** (0.010)	0.145 (0.170)
ROA	−0.906*** (0.140)	1.829*** (0.019)	0.413*** (0.102)	1.871*** (0.018)	0.428*** (0.100)	−1.043*** (0.131)
_cons	0.470 (0.346)	0.078 (0.349)	0.590* (0.348)	1.519*** (0.432)	0.706** (0.350)	7.394*** (0.622)
Year	Yes	Yes	Yes	Yes	Yes	Yes
R^2	0.049	0.812	0.050	0.875	0.052	0.878

参考文献

［1］Abaidoo R, Kwenin D O. Corporate Profit Growth, Macroeconomic Expectations and Fiscal Policy Volatility ［J］. International Journal of Economics & Finance, 2013, 5 (8).

［2］Adamopoulos T, Restuccia D. The Size Distribution of Farms and International Productivity Differences ［J］. American Economic Review, 2014, 104 (6): 1667－1697.

［3］Akerlof G A. The Market for "Lemons": Quality Uncertainty and the Market Mechanism ［J］. Quarterly Journal of Economics, 1970, 84 (3): 488－500.

［4］AlcaláF, Ciccone A. Trade and Productivity ［J］. Quarterly Journal of Economics, 2004, 119 (2): 613－646.

［5］Alfaro L, Chari A. Deregulation, Misallocation, and Size: Evidence from India ［J］. The Journal of Law and Economics, 2014, 57 (4): 897－936.

［6］Allen F, Qian J, Qian M. China's Financial System: Past, Present, and Future ［EB/OL］. https: //ssrn. com/abstract=978485.

［7］Allen F, Qian J, Zhang C, et al. China's Financial System: Opportunities and Challenges ［J］. Social Science Electronic Publishing, 2011: 63－143.

［8］Altman E I, Saunders A. Credit Risk Measurement: Developments over the Last 20 Years ［J］. Journal of Banking & Finance, 1997, 21 (11－12): 1721－1742.

［9］Altman E I. Financial Ratios, Discriminant Analysis and the Prediction of

Corporate Bankruptcy [J]. The Journal of Finance, 1968, 23 (4): 589-609.

[10] Amaral P S, Quintin E. Limited Enforcement, Financial Intermediation, and Economic Development: A Quantitative Assessment [J]. International Economic Review, 2010, 51 (3): 785-811.

[11] Aoki S. A Simple Accounting Framework for the Effect of Resource Misallocation on Aggregate Prouductivity [J]. Journal of the Japanese & International Economies, 2012, 26 (4): 473-494.

[12] Arif S, Lee C M C. Aggregate Investment and Investor Sentiment [J]. Social Science Electronic Publishing, 2014, 27 (11): 3241-3279.

[13] Arrow K J, Debreu G. Existence of an Equilibrium for a Competitive Economy [J]. Econometrica, 1954, 22 (3): 265-290.

[14] Asturias J, GarcíaSantana M, Ramos R. Competition and the Welfare Gains from Transportation Infrastructure: Evidence from the Golden Quadrilateral of India [J]. Working Papers, 2016, 35 (1): 188-198.

[15] Bai C E, Hsieh C T, Qian Y. The Return to Capital in China [J]. Social Science Electronic Publishing, 2006 (2): 61-88.

[16] Baily M N, Hulten C, Campbell D, et al. Productivity Dynamics in Manufacturing Plants [J]. Brookings Papers on Economic Activity, 1992: 187-267.

[17] Baltagi B H, Griffin J M. A General Index of Technical Change [J]. Journal of Political Economy, 1988, 96 (1): 20-41.

[18] Banerjee A, Munshi K. How Efficiently is Capital Allocated? Evidence from the Knitted Garment Industry in Tirupur [J]. Review of Economic Studies, 2004, 71 (1): 19-42.

[19] Banerjee A V, Duflo E. Growth Theory through the Lens of Development Economics [EB/OL]. https://ssrn.com/abstract=651483.

[20] Banerjee A V, Moll B. Why Does Misallocation Persist? [J]. American Economic Journal Macroeconomics, 2010, 2 (1): 189-206.

[21] Barclay M J, Smith C W. The Capital Structure Puzzle: Another Look at

the Evidence [J]. Journal of Applied Corporate Finance, 1999, 12 (1): 8-20.

[22] Baron R M, Kenny D A. The Moderator-Mediator Variable Distinction in Social Psychological Research: Conceptual, Strategic, and Statistical Considerations [J]. Journal of Personality and Social Psychology, 1986 (51): 1173-1182.

[23] Bartelsman E J, Haltiwanger J, Scarpetta S. Cross-Country Differences in Productivity: The Role of Allocation and Selection [J]. Iza Discussion Papers, 2013, 103 (1): 305-334.

[24] Benjamin D, Brandt L. Property Rights, Labour Markets, and Efficiency in a Transition Economy: The Case of Rural China [J]. Canadian Journal of Economics/revue Canadienne Déconomique, 2002, 35 (4): 689-716.

[25] Benmelech E, Frydman C. Military CEOS [J]. Nber Working Papers, 2015, 117 (1): 43-59.

[26] Berger A N, Black L K. Bank Size, Lending Technologies, and Small Business Finance [J]. Journal of Banking & Finance, 2011, 35 (3): 724-735.

[27] Berger A N, Miller N H, Petersen M A, et al. Does Function Follow Organizational form? Evidence from the Lending Practices of Large and Small Banks [J]. Journal of Financial Economics, 2002, 76 (2): 237-269.

[28] Berger A N, Udell G F. Relationship Lending and Lines of Credit in Small Firm Finance [J]. Journal of Business, 1995, 68 (3): 351-381.

[29] Bergoeing R, Loayza, Repetto. Slow Recoveries [J]. Journal of Development Economics, 2004 (75): 473-506.

[30] Berk J B, Stanton R, Zechner J. Human Capital, Bankruptcy and Capital Structure [EB/OL]. https://ssrn.com/abstract=978405.

[31] Bernanke B, Gertler M, Gilchrist S. The Financial Accelerator in a Quantitative Business Cycle Framework [J]. Working Papers, 1998, 1 (99): 1341-1393.

[32] Bhamra H S, Fisher A J, Kuehn L A. Monetary Policy and Corporate Default [J]. Journal of Monetary Economics, 2011, 58 (5): 480-494.

[33] Bhattacharya D, Guner N, Ventura G. Distortions, Endogenous Managerial

Skills and Productivity Differences [J]. Review of Economic Dynamics, 2013, 16 (1): 11-25.

[34] Bleck A, Liu X W. Credit Expansion and Credit Misallocation [J]. Journal of Monetary Economics, 2018 (94): 27-40.

[35] Bond E W, Crucini M J, Potter T. Misallocation and Productivity Effects of the Smoot - Hawley Tariff [J]. Review of Economic Dynamics, 2013, 16 (1): 120-134.

[36] Boot A W A, Thakor A V. Financial System Architecture [J]. Cepr Discussion Papers, 1995, 10 (3): 693-733.

[37] Boyreau-Debray G, Wei S J. Pitfalls of a State-Dominated Financial System: The Case of China [EB/OL]. https://ssrn.com/abstract=574541.

[38] Bradley M, Jarrell G A, Kim E H. On the Existence of an Optimal Capital Structure: Theory and Evidence [J]. The Journal of Finance, 1984, 39 (3): 22.

[39] Brandt L, Holz C A. Spatial Price Differences in China: Estimates and Implications [J]. Economic Development and Cultural Change, 2006, 55 (1): 43-86.

[40] Brandt L, Tombe T, Zhu X. Factor Market Distortions Across Time, Space and Sectors in China [J]. Review of Economic Dynamics, 2013, 16 (1): 39-58.

[41] Brandt L, Zhu X. Redistribution in a Decentralized Economy: Growth and Inflation in China under Reform [J]. Journal of Political Economy, 2000, 108 (2): 422-451.

[42] Bromiley P. Testing a Causal Model of Corporate Risk Tking and Performance [J]. Academy of Management Journal, 1991, 34 (1): 37-59.

[43] Buera F J, Kaboski J P, Shin Y. Finance and Development: A Tale of Two Sectors [J]. American Economic Review, 2011: 101.

[44] Buera F J, Moll B, Shin Y. Well-intended Policies [J]. Review of Economic Dynamics, 2013, 16 (1): 216-230.

[45] Buera F J, Moll B. Aggregate Implications of a Credit Crunch: The Importance of Heterogeneity [J]. American Economic Journal: Macroeconomics, 2015, 7

(3): 1-42.

[46] Buera F J, Shin Y. Financial Frictions and the Persistence of History: A Quantitative Exploration [J]. Journal of Political Economy, 2013, 121 (2): 221-272.

[47] Bumann S, Hermes N, Lensink R. Financial Liberalization and Economic Growth: A Meta-analysis [J]. Journal of International Money & Finance, 2013, 33 (1): 255-281.

[48] Caballero R J, Hoshi T, Kashyap A K. Zombie Lending and Depressed Restructuring in Japan [J]. American Economic Review, 2008, 98 (5): 1943-1977.

[49] Caggese A, Vicente Cuñat. Financing Constraints, Firm Dynamics, Export Decisions, and Aggregate Productivity [J]. Review of Economic Dynamics, 2013, 16 (1): 177-193.

[50] Campbell D E, Kelly J S. Trade-Off Theory [J]. American Economic Review, 1994, 84 (2): 422-426.

[51] Caselli F, Gennaioli N. Dynastic Management [J]. Economic Inquiry, 2012, 51 (1): 971-996.

[52] Caselli F. Accounting for Cross-Country Income Differences [J]. Documentos De Trabajo, 2004, 1 (05): 679-741.

[53] Castanias R. Bankruptcy Risk and Optimal Capital Structure [J]. The Journal of Finance, 1983, 38 (5): 1617-1635.

[54] Chari V V, Kehoe P J, Mcgrattan E R. Business Cycle Accounting [J]. Econometrica, 2007, 75 (3): 781-836.

[55] Chen Y P, Lai T W, Lee W C, et al. Trade Barrier and Misallocations: The Case of the Photovoltaic Manufacturing Industry in China [J]. International Review of Economics & Finance, 2017 (52): 352-367.

[56] Chivakul M, Lam W. Assessing China's Corporate Sector Vulnerabilities [J]. Financial Regulation Research, 2016, 15 (72): 3-26.

[57] Chuah L L, Loayza N, Nguyen H. Resource Misallocation and Productivity

Gaps in Malaysia [EB/OL]. http: //documents. worldbank. org/curated/en/9160815 21465294530/pdf/WPS8368. pdf.

[58] Claessens S, Perotti E. Finance and Inequality: Channels and Evidence [J]. Journal of Comparative Economics, 2007, 35 (4): 748-773.

[59] Cronqvist H, Makhija A K, Yonker S E. Behavioral Consistency in Corporate Finance: CEO Personal and Corporate Leverage [J]. Journal of Financial Economics, 2012, 103 (1): 20-40.

[60] Cull R, Xu L C. Who Gets Credit? The Behavior of Bureaucrats and State Banks in Allocating Credit to Chinese State-owned Enterprises [J]. Journal of Developmet Economics, 2003, 71 (2): 533-559.

[61] David J M, Hopenhayn H A, Venkateswaran V. Information, Misallocation, and Aggregate Productivity [J]. The Quarterly Journal of Economics, 2016: 943-1005.

[62] Davidson W N, Singh M. Agency Costs, Ownership Structure and Corporate Governance Mechanisms [J]. Journal of Banking & Finance, 2003, 27 (5): 793-816.

[63] Diamond D W. Financial Intermedation and Delegated Monitoring [J]. Review of Economic Studies, 1984, 51 (3): 393-414.

[64] Diaz-Alejandro C. Good-bye Financial Repression, Hello Financial Crash [J]. Journal of Development Economics, 1985, 19 (1-2): 0-24.

[65] Diewert W E. Functional Forms for Revenue and Factor Requirements Functions [J]. International Economic Review, 1974, 15 (1): 119-130.

[66] Dimitri Vittas Y J C. Credit Policies-Lessons from East Asia [J]. Policy Research Working Paper, 2010, 6 (2): 135-164.

[67] Dollar D, Wei S J. Das (Wasted) Kapital: Firm Ownership and Investment Efficiency in China [J]. Imf Working Papers, 2007, 7 (13103).

[68] Easterly W, Kremer M, Pritchett L, et al. Good Policy or Good Luck? [J]. Journal of Monetary Economics, 1993, 32 (3): 459-483.

[69] Easterly W. How Much Do Distortions A Growth? [J]. Journal of Monetary

Economics, 1993, 32 (2): 187-212.

[70] Eaton J, Kortum S, Kramarz F. Dissecting Trade: Firms, Industries, and Export Destinations [J]. American Economic Review, 2004, 94 (2): 150-154.

[71] Eidleman G. Z Scores—a Guide to Failure Prediction [J]. Cpa Journal, 1995.

[72] Epifani P, Gancia G. Trade, Markup Heterogeneity and Misallocations [J]. Journal of International Economics, 2011, 83 (1): 0-13.

[73] Erosa A, Cabrillana A H. On Finance as a Theory of TFP, Cross-industry Productivity Differences, and Economic Rents [J]. International Economic Review, 2008, 49 (2): 437-473.

[74] Erosa A. Financial Intermediation and Occupational Choice in Development [J]. Review of Economic Dynamics, 2001, 4 (2): 303-334.

[75] Eslava M, Haltiwanger J, Kugler A, Kugler M. Trade and Market Selection: Evidence from Manufacturing Plants in Colombia [J]. Review of Economic Dynamcis, 2013 (16): 135-158.

[76] Faccio M, Marchica M T, Mura R. CEO Gender, Corporate Risk-taking, and the Efficiency of Capital Allocation [J]. Journal of Corporate Finance, 2016 (39): 193-209.

[77] Fan J P H, Huang J, Zhu N. Institutions, Ownership Structures, and Distress Resolution in China [J]. Journal of Corporate Finance, 2013 (23): 71-87.

[78] Faulkender M, Petersen M A. Does the Source of Capital Affect Capital Structure? [J]. Review of Financial Studies, 2006, 19 (1): 45-79.

[79] Ferris S P, Javakhadze D, Rajkovic T, et al. CEO Social Capital, Risk-taking and Corporate Policies [J]. Journal of Corporate Finance, 2017 (47).

[80] Gabler A, Poschke M. Experimentation by Firms, Distortions, and Aggregate Productivity [J]. Review of Economic Dynamics, 2013, 16 (1): 26-38.

[81] Garicano L, Lelarge C, Van Reenen J. Firm Size Distortions and the Productivity Distribution: Evidence from France [EB/OL]. https://ssrn.com/abstract = 2275148.

[82] Gilchrist S, Sim J W, Egon Zakrajšek. Misallocation and Financial Market Frictions: Some Direct Evidence from the Dispersion in Borrowing Costs [J]. Review of Economic Dynamics, 2013, 16 (1): 159-176.

[83] Gilchrist S, Zakrajšek E. Credit Spreads and Business Cycle Fluctuations [J]. American Economic Review, 2012, 102 (4): 1692-1720.

[84] Gollin D, Parente S L, Rogerson R. Farm Work, Home Work and International Productivity Differences [J]. Review of Economic Dynamics, 2004, 7 (4): 827-850.

[85] Gorodnichenko Y, Revoltella D, Svejnar J, et al. Resource Misallocation in European Firms: The Role of Constraints, Firm Characteristics and Managerial Decisions [EB/OL]. https://ieeexplore.ieee.org/document/5318211.

[86] Greenwald B C, Kohn M, Stiglitz J E. Financial Market Imperfections and Productivity Growth [J]. Journal of Economic Behavior and Organization, 1990, 13 (3): 0-345.

[87] Greenwood J, Sanchez J M, Wang C. Quantifying the Impact of Financial Development on Economic Development [J]. Economie Davant Garde Research Reports, 2013, 16 (1): 194-215.

[88] Gruber M J, Warner J B. Bankruptcy Costs: Some Evidence [J]. The Journal of Finance, 1977, 32 (2): 337-347.

[89] Guner N, Ventura G, Xu Y. Macroeconomic Implications of Size-Dependent Policies [J]. Review of Economic Dynamics, 2008, 11 (4): 721-744.

[90] Guo J T, Izumi Y, Tsai Y C. Resource Misallocation and Aggregate Productivity under Progressive Taxation [J]. Journal of Macroeconomics, 2019 (60): 123-137.

[91] Habib A, Hasan M. Firm Life Cycle, Corporate Risk-taking and Investor sentiment [J]. Accounting & Finance, 2015 (57).

[92] Ha D T T, Kiyota K, Yamanouchi K. Misallocation and Productivity: The Case of Vietnamese Manufacturing [J]. Asian Development review, 2016, 33

(2): 94-118.

[93] Han L H. Fiscal Decentralization and Urban-rural Income Inequality in China [EB/OL]. 10. 1109/ICMSE. 2009. 5318211.

[94] Harris M, Raviv A. The Theory of Capital Structure [J]. The Journal of Finance, 1991, 46 (1): 297-355.

[95] Hayashi F, Prescott E C. The Depressing Effect of Agricultural Institutions on the Prewar Japanese Economy [J]. Journal of Political Economy, 2008, 116 (4): 573-632.

[96] Hellmann T, Murdock K, Stiglitz J. Financial Restraint and the Market Enhancing View [EB/OL]. http: //eureka. sbs. ox. ac. uk/id/eprint/5450.

[97] Hong W. Taking a Turnpike: A Korean Perspective [J]. Review of International Economics, 2005, 13 (1): 19.

[98] Hopenhayn H A. Entry, Exit, and Firm Dynamics in Long Run Equilibrium [J]. Econometrica, 1992, 60 (5): 1127-1150.

[99] Hopenhayn H A. Firms, Misallocation, and Aggregate Productivity: A Review [J]. Annual Review of Economics, 2014, 6 (1): 735-770.

[100] Hopenhayn H. Job Turnover and Policy Evaluation: A General Equilibrium Analysis [J]. Journal of Political Economy, 1993, 101 (5): 915-938.

[101] Hsieh C T, Klenow P J. Misallocation and Manufacturing TFP in China and India [J]. The Quarterly Journal of Economics, 2009, 124 (4): 1403-1448.

[102] Jensen M C, Meckling W H. Theory of the Firm: Managerial Behavior, Agency Costs and Ownership Structure [J]. Social Science Electronic Publishing, 1976, 3 (4): 305-360.

[103] Jeong H, Townsend R M. Sources of TFP Growth: Occupational Choice and Financial Deepening [J]. Economic Theory, 2007, 32 (1): 179-221.

[104] Jianxin W, Yanrui W, Bing W. Local Government Debt, Factor Misallocation and Regional Economic Performance in China [J]. China & World Economy, 2018, 26 (4): 82-105.

［105］ Joe Peek E S R. Derivatives Activity at Troubled Banks ［J］. Journal of Financial Services Research, 1997, 12 （2-3）: 287-302.

［106］ Johnson C. MITI and the Japanese Miracle: The Growth of Industrial Policy, 1925-1975 ［J］. Journal of Comparative Economics, 1982, 6 （4）: 436-439.

［107］ Jones B F, Olken B A. The Anatomy of Start-Stop Growth ［J］. Review of Economics and Statistics, 2008, 90 （3）: 582-587.

［108］ Jones C I. Intermediate Goods and Weak Links in the Theory of Economic Development ［J］. American Economic Journal Macroeconomics, 2011, 3 （2）: 1-28.

［109］ Jones C I. Misallocation, Economic Growth, and Input-output Economics ［EB/OL］. https: //www. nber. org/papers/w16742.

［110］ Kim L. Crisis Construction and Organizational Learning: Capability Building in Catching-up at Hyundai Motor ［J］. Organization Science, 1998, 9 （4）: 506-521.

［111］ Kim M, Oh J, Shin Y. Misallocation and Manufacturing TFP in Korea, 1982-2007 ［J］. Federal Reserve Bank of St. Louis Review, 2017, 99 （2）: 233-244.

［112］ Kiyotaki N, Moore J. Credit Cycles ［J］. Journal of Political Economy, 1997, 105 （2）: 211-248.

［113］ Kiyotaki N, Moore J. Financial Deepening ［J］. Journal of the European Economic Association, 2005, 3 （2-3）: 701-713.

［114］ Korajczyk R A, Levy A. Capital Structure Choice: Macroeconomic Conditions and Financial Constraints ［J］. Journal of Financial Economics, 2003, 68 （1）: 75-109.

［115］ Korhonen P, Syrjänen M. Resource Allocation Based on Efficiency Analysis ［J］. Management Science, 2004, 50 （8）: 1134-1144.

［116］ Kraus A, Litzenberger R H. A State-Preference Model of Optimal Financial Leverage ［J］. Journal of Finance, 1973, 28 （4）: 911-922.

［117］ Lagos R. A Model of TFP ［J］. Review of Economic Studies, 2006, 73

（4）：983-1007.

［118］Leland H E, Pyle D H. Information Asymmetries, Financial Structure, and Financial Intermediation ［J］. Social Science Electronic Publishing, 2009, 32 （2）：371-387.

［119］Levinsohn J, Petrin A. Estimating Production Functions Using Inputs to Control for Unobservables ［J］. Review of Economic Studies, 2003, 70 （2）：317-341.

［120］Liang Y, Shi K, Wang L S, et al. Local Government Debt and Firm Leverage：Evidence from China ［J］. Asian Economic Policy Review, 2017, 12 （2）：210-232.

［121］Lileeva A, Trefler D. Improved Access to Foreign Markets Raises Plant-Level Productivity ［J］. The Quarterly Journal of Economics, 2010, 125 （3）：1051-1099.

［122］Lin J, Monga C. Growth Identification and Facilitation：The Role of the State in the Dynamics of Structural Change ［J］. Development Policy Review, 2010, 29 （3）：259-263.

［123］Low A. Managerial Risk-taking Behavior and Equity-based Compensation ［J］. Journal of Financial Economics, 2009, 92 （3）：470-490.

［124］Marschak J, Andrews W. Random Simultaneous Equations and the Theory of Production ［J］. Econometrica, 1944, 12 （3-4）：143-205.

［125］Mckinnon R, Grassman S. Financial Repression and the Liberalisation Problem within Less-Developed Countries ［M］. Palgrave Macmillan UK：The World Economic Order, 1981：365-390.

［126］Mckinnon R I. Money and Capital in Economic Development ［J］. American Political Science Review, 1973, 68 （4）：1822-1824.

［127］Mclean R D, Zhao M. The Business Cycle, Investor Sentiment, and Costly External Finance ［J］. The Journal of Finance, 2014, 69 （3）：1377-1409.

［128］Melitz M J, Sašo Polanec. Dynamic Olley-Pakes Productivity Decomposition with Entry and Exit [J]. Rand Journal of Economics, 2015, 46 (2): 362-375.

[129] Melitz M J. The Impact of Trade on Intra-Industry Reallocations and Aggregate Industry Productivity [J]. Econometrica, 2003, 71 (6): 1695-1725.

[130] Meza F, Pratap S, Urrutia C. Credit, Misallocation and Productivity Growth: A Disaggregated Analysis [J]. Review of Economic Dynamics, 2019 (34): 61-86.

[131] Midrigan V, Xu D. Finance and Misallocation: Evidence from Plant-Level Data [J]. Social Science Electronic Publishing, 2010 (104): 422-458.

[132] Midrigan V, Xu Y. Finance and Misallocation: Evidence from Plant-Level Data [J]. American Economic Review, 2014, 104 (2): 422-458.

[133] Miller M H. Debt and Taxes [J]. The Journal of Finance, 1977, 32 (2): 261-275.

[134] Modigliani F, Miller M H. Corporate Income Taxes and the Cost of Capital: A Correction [J]. American Economic Review, 1963, 53 (3): 433-443.

[135] Modigliani F, Miller M H. The Cost of Capital, Corporation Finance and the Theory of Investment [J]. American Economic Review, 1959, 49 (4): 655-669.

[136] Moll B. Productivity Losses from Financial Frictions: Can Self-Financing Undo Capital Misallocation? [J]. American Economic Review, 2014, 104 (10): 3186-3221.

[137] Myers R S C. Problems in the Theory of Optimal Capital Structure [J]. The Journal of Financial and Quantitative Analysis, 1966, 1 (2): 1-35.

[138] Myers S C. Determinants of Corporate Borrowing [J]. Journal of Financial Economics, 1977, 5 (2): 147-175.

[139] Nguyen H M, Taskin T, Yilmaz A. Resource Misallocation in Turkey [EB/OL]. https://ssrn.com/abstract=2895486.

[140] Nocke V, Thanassoulis J. Vertical Relations Under Credit Constraints [J]. Cepr Discussion Papers, 2014, 12 (2): 337-367.

[141] Oberfield E. Productivity and Misallocation During a Crisis: Evidence from the Chilean Crisis of 1982 [J]. Review of Economic Dynamics, 2013, 16 (1): 100-119.

[142] Olley G S, Pakes A. The Dynamics of Productivity in the Telecommunications Equipment Industry [J]. Econometrica, 1996, 64 (6): 1263-1297.

[143] Paligorova T. Corporate Risk-Taking and Ownership Structure [EB/OL]. https://ssrn.com/abstract=1364393.

[144] Parente S L, Prescott E C. A Unified Theory of the Evolution of International Income Levels [J]. Handbook of Economic Growth, 2005, 1 (5): 1371-1416.

[145] Pavcnik N. Trade Liberalization, Exit, and Productivity Improvements: Evidence from Chilean Plants [J]. The Review of Economic Studies, 2002, 69 (1): 245-276.

[146] Peek J, Rosengren E S. Unnatural Selection: Perverse Incentives and the Misallocation of Credit in Japan [J]. American Economic Review, 2005, 95 (4): 1144-1166.

[147] Peters M. Heterogeneous Mark-ups, Growth and Endogenous Misallocation [EB/OL]. http://eprints.lse.ac.uk/54254/.

[148] Pfajfar D. Credit Market Distortions, Asset Prices And Monetary Policy [J]. Cambridge Working Papers in Economics, 2012, 18 (3).

[149] Porta R L, Shleifer A. The Unofficial Economy and Economic Development [J]. Brookings Papers on Economic Activity, 2008: 275-352.

[150] Pratap S, Urrutia C. Financial Frictions and Total Factor Productivity: Accounting for the Real Effects of Financial Crises [J]. Review of Economic Dynamics, 2012, 15 (3): 336-358.

[151] Prescott E C. Needed: A Theory of Total Factor Productivity [J]. International Economic Review, 1998, 39 (3): 525-551.

[152] Rajan R G, Zingales L. What do We Know about Capital Structure? [J].

The Journal of Finance, 1995, 50 (5): 1421-1460.

[153] Ramakrishnan R T S, Thakor A V. Information Reliability and a Theory of Financial Intermediation [J]. The Review of Economic Studies, 1984, 51 (3): 415.

[154] Remisha T. Leveraged Buyouts and Bankruptcy Risk [EB/OL] . http: // eprints. nottingham. ac. uk/id/eprint/26720.

[155] Restuccia D, Rogerson R. Misallocation and Productivity [J]. Review of Economic Dynamics, 2013, 16 (1): 1-10.

[156] Restuccia D, Rogerson R. Policy Distortions and Aggregate Productivity with Heterogeneous Establishments [J]. Review of Economic Dynamics, 2008, 11 (4): 707-720.

[157] Restuccia D, Yang D T, Zhu X. Agriculture and Aggregate Productivity: A Quantitative Cross-country Analysis [J]. Journal of Monetary Economics, 2008, 55 (2): 234-250.

[158] Richardson S. Over-investment of Free Cash Flow [J]. Review of Accounting Studies, 2006, 11 (2-3): 159-189.

[159] Ryzhenkov M. Resource Misallocation and Manufacturing Productivity: The Case of Ukraine [J]. Journal of Comparative Economics, 2016, 44 (1): 41-55.

[160] Schivardi F, Sette E, Tabellini G. Credit Misallocation During the European Financial Crisis [EB/OL] . https: //ssrn. com/abstract=2930804.

[161] Schleifer A, Vishny R. Fire Sales in Finance and Macroeconomics [J]. Journal of Economic Perspectives, 2011, 25 (1): 29-48.

[162] Schmitz P W. The Hold-Up Problem and Incomplete Contracts: A Survey of Recent Topics in Contract Theory [J]. Mpra Paper, 2001, 53 (1): 1-17.

[163] Sharma G. India's Mysterious Manufacturing Miracle [J]. Review of Economic Dynamics, 2013, 16 (1): 59-85.

[164] Shaw E, Shaw E S, Shaw J S, et al. Financial Deepening in Economic Development [J]. Economic Journal, 1973, 84 (333): 227.

[165] Skott P, Gómez-Ramírez L. Credit Constraints and Economic Growth in a

Dual Economy [J]. Structural Change and Economic Dynamics, 2018 (45): 64-76.

[166] Soloski J. Collapse of the US Newspaper Industry: Goodwill, Leverage and Nankruptcy [J]. Journalism, 2013, 14 (3): 309-329.

[167] Solow R. A Contribution to the Theory of Economic Growth [J]. Quarterly Journal of Economics, 1956 (70): 65-94.

[168] Song Z M, Storesletten K, Zilibotti F. Growing like China [J]. Cepr Discussion Papers, 2009, 101 (1): 196-233.

[169] Stein J C. Agency, Information and Corporate Investment [J]. Handbook of the Econnomics of Finance, 2003, 1 (3): 111-165.

[170] Stein J C. Information Production and Capital Allocation: Decentralized versus Hierarchical Firms [J]. The Journal of Finance, 2002, 57 (5): 1891-1921.

[171] Stiglitz J E, Weiss A. Credit Rationing in Markets with Imperfect Information [J]. American Economic Review, 1981, 71 (3): 393-410.

[172] Straham P E, Weston J. Small Business Lending and Bank Consolidation: Is there Cause for Concern? [J]. Economics and Finance, 1996, 2 (3): 1-10.

[173] Syrquin M. Resource Reallocation and Productivity Growth [J]. Economic Structure & Performance, 1984 (3): 75-101.

[174] Syverson C. Product Substitutability and Productivity Dispersion [J]. The Review of Economics and Statistics, 2004, 86 (2): 534-550.

[175] Syverson C. What Determines Productivity? [J]. Journal of Economic Literature, 2011, 49 (2): 326-365.

[176] Tillmann P. Credit Market Distortions and Policy Aggressiveness: The Fed vs. the ECB [EB/OL]. https://ssrn.com/abstract=1544180.

[177] Tsang E W K, Yip P S L, Toh M H. The Impact of R&D on Value Added for Domestic and Foreign Firms in a Newly Industrialized Economy [J]. International Business Review, 2008, 17 (4): 423-441.

[178] Tucker I B, Wilder R P. Trends in Vertical Integration in the U. S. Manufacturing Sector [J]. Journal of Industrial Economics, 1977, 26 (1): 81-

94.

［179］ Udry C. Credit Markets in Northern Nigeria： Credit as Insurance in a Rural Economy ［J］. World Bank Economic Review, 1990, 4 (3)： 251-269.

［180］ Udry C. Misallocation, Growth and Financial Market Imperfections： Microeconomic Evidence Plenary Talk for the Society of Economic Dynamics Annual Meeting ［EB/OL］. http：//www. economicdynamics. org/udry2012. pdf.

［181］ Verwijmeren P, Derwall J. Employee Well-being, Firm Leverage, and Bankruptcy Risk ［J］. Journal of Banking & Finance, 2010, 34 (5)： 956-964.

［182］ Vollrath D. How Important are Dual Economy Effects for Aggregate Productivity? ［J］. Journal of Development Economics, 2009, 88 (2)： 325-334.

［183］ Wei C, Li C Z. Resource Misallocation in Chinese Manufacturing Enterprises： Evidence from Firm-level Data ［J］. Journal of Cleaner Production, 2017, 142 (20)： 837-845.

［184］ Wei X, Chen Y W, Zhou M H, et al. Soe Preference and Credit Misallocation： A Model and Some Evidence from China ［J］. Econmics Letters, 2016 (138)： 38-41.

［185］ Whited T M, Zhao J. The Misallocation of Finance ［EB/OL］. https：// ssrn. com/abstract=2699817 or http：//dx. doi. org/10. 2139/ssrn. 2699817.

［186］ Williamson O E. Transaction-Cost Economics： The Governance of Contractual Relations ［J］. The Journal of Law and Economics, 1979, 22 (2)： 233-261.

［187］ Wright P, Ferris S P, Awasthi S V. Impact of Corporate Insider, Blockholder, and Institutional Equity Ownership on Firm Risk Taking ［J］. The Academy of Management Journal, 1996, 39 (2)： 441-463.

［188］ Wu G L. Capital Misallocation in China： Financial Frictions of Policy Distortions? ［J］. Journal of Development Economics, 2017 (130)： 203-223.

［189］ Ziebarth N L. Are China and India backward? Evidence from the 19th century U. S. Census of Manufactures ［J］. Review of Economic Dynamics, 2013, 16

（1）：86-99.

［190］爱德华·肖．经济发展中的金融深化［M］．上海：格致出版社，上海人民出版社，2014.

［191］白俊红，刘宇英．对外直接投资能否改善中国的资源错配［J］．中国工业经济，2018（1）：60-78.

［192］白钦先，等．金融可持续发展研究导论［M］．北京：中国金融出版社，2001.

［193］白钦先，丁志杰．论金融可持续发展［J］．国际金融研究，1998（5）：28-32.

［194］曹玉书，楼东玮．资源错配、结构变迁与中国经济转型［J］．中国工业经济，2012（10）：5-18.

［195］陈永伟，胡伟民．价格扭曲、要素错配和效率损失：理论和应用［J］．经济学（季刊），2011（4）：1401-1422.

［196］戴静，张建华．金融错配、所有制结构与技术进步——来自中国工业部门的证据［J］．中国科技论坛，2013（3）：70-76.

［197］盖庆恩，朱喜，程名望，等．要素市场扭曲、垄断势力与全要素生产率［J］．经济研究，2015（5）：61-75.

［198］格林沃尔德．现代经济词典［M］．北京：商务印书馆，1981.

［199］龚刚．经济波动、成本约束与资源配置［J］．经济研究，2015（2）：47-60.

［200］顾江，车树林．资源错配、产业集聚与中国文化产业发展——基于供给侧改革视角［J］．福建论坛（人文社会科学版），2017（2）：16-22.

［201］韩剑，郑秋玲．政府干预如何导致地区资源错配——基于行业内和行业间错配的分解［J］．中国工业经济，2014（11）：69-81.

［202］韩亚欣，何敏，李华民．大银行何以为中小企业融资？——基于某大银行支行的案例分析［J］．金融论坛，2016（1）：72-80.

［203］何珊珊．非房地产企业进入房地产行业对其全要素生产率的负面影响——基于中国A股上市公司数据的实证研究［J］．当代财经，2018（2）：

3-14.

[204] 季书涵，朱英明，张鑫. 产业集聚对资源错配的改善效果研究 [J]. 中国工业经济，2016（6）：73-90.

[205] 冀相豹，王大莉. 金融错配、政府补贴与中国对外直接投资 [J]. 经济评论，2017（2）：64-77.

[206] 贾春新. 金融深化：理论与中国的经验 [J]. 中国社会科学，2000（3）：50-59.

[207] 靳来群. 所有制歧视所致金融资源错配程度分析 [J]. 经济学动态，2015（6）：36-44.

[208] 靳来群. 所有制歧视下金融资源错配的两条途径 [J]. 经济与管理研究，2015（7）：36-43.

[209] 靳来群，林金忠，丁诗诗. 行政垄断对所有制差异所致资源错配的影响 [J]. 中国工业经济，2015（4）：31-43.

[210] 李程，梁朝晖. 利率市场化与产业结构优化：基于金融错配视角的研究 [J]. 产业经济评论，2016（2）：46-58.

[211] 李鲁，王磊，邓芳芳. 要素市场扭曲与企业间生产率差异：理论及实证 [J]. 财经研究，2016（9）：110-120.

[212] 李思龙，郭丽虹. 市场依赖度、资本错配与全要素生产率 [J]. 产业经济研究，2018（2）：103-115.

[213] 李欣泽，刘芳，李成友，白彩全. 金融发展优化了部门间资源错配程度吗？——来自1986—2015年中国工业部门的研究证据 [J]. 经济问题，2017（11）：56-63.

[214] 李艳，杨汝岱. 地方国企依赖、资源配置效率改善与供给侧改革 [J]. 经济研究，2018（2）：80-94.

[215] 刘朝，赵志华，步晓宁. 资本动态投入、生产率波动与资本错配 [J]. 南开经济研究，2018（1）：34-49+85.

[216] 刘贯春，张军，刘媛媛. 金融资产配置、宏观经济环境与企业杠杆率 [J]. 世界经济，2018（1）：148-173.

［217］刘培林．地方保护和市场分割的损失［J］．中国工业经济，2005（4）：69-76.

［218］刘任重，郭雪，徐飞．金融错配、区域差异与技术进步——基于我国省级面板数据［J］．山东财经大学学报，2016（6）：1-8.

［219］刘任重，刘冬冬，胡白杨．金融错配与全要素生产率研究——基于2007—2014年上市公司的实证分析［J］．天津商业大学学报，2016（4）：8-13.

［220］刘瑞明．金融压抑、所有制歧视与增长拖累——国有企业效率损失再考察［J］．经济学（季刊），2011（2）：603-618.

［221］刘盛宇，尹恒．资本调整成本及其对资本错配的影响：基于生产率波动的分析［J］．中国工业经济，2018（3）：24-43.

［222］卢峰，姚洋．金融压抑下的法治、金融发展和经济增长［J］．中国社会科学，2004（1）：42-55.

［223］鲁晓东．金融资源错配阻碍了中国的经济增长吗［J］．金融研究，2008（4）：55-68.

［224］罗纳德·麦金农．经济市场化的次序：向市场经济过渡时期的金融控制［M］．上海：格致出版社，上海人民出版社，2014.

［225］罗知，张川川．信贷扩张、房地产投资与制造业部门的资源配置效率［J］．金融研究，2015（7）：60-75.

［226］孟辉，白雪洁．新兴产业的投资扩张、产品补贴与资源错配［J］．数量经济技术经济研究，2017（6）：21-37.

［227］潘英丽．从战略高度关注与破解金融资源错配问题［J］．探索与争鸣，2016（12）：93-98.

［228］钱诚．银行竞争、信贷补贴与僵尸企业诱发——基于事件冲击与中介回归的金融抑制效应［J］．金融经济学研究，2018（3）：15-31.

［229］邱兆祥，许坤．财政主导下的高货币存量资源错配问题研究［J］．经济学动态，2014（8）：55-62.

［230］饶品贵，姜国华．货币政策、信贷资源配置与企业业绩［J］．管理世界，2013（3）：12-22.

[231] 邵挺. 金融错配、所有制结构与资本回报率：来自 1999～2007 年我国工业企业的研究 [J]. 金融研究，2010（9）：47-63.

[232] 邵宜航，步晓宁，张天华. 资源配置扭曲与中国工业全要素生产率——基于工业企业数据库再测算 [J]. 中国工业经济，2013（12）：39-51.

[233] 沈春苗，郑江淮. 资源错配研究述评 [J]. 改革，2015（4）：116-124.

[234] 宋结焱，施炳展. 出口贸易是否降低了中国行业内资源错配？[J]. 世界经济研究，2014（10）：53-60.

[235] 汤铎铎，李成. 全球复苏、杠杆背离与金融风险——2018 年中国宏观经济报告 [J]. 经济学动态，2018（3）：13-26.

[236] 汪辉. 上市公司债务融资、公司治理与市场价值 [J]. 经济研究，2003（8）：28-35.

[237] 王林辉，袁礼. 资本错配会诱发全要素生产率损失吗 [J]. 统计研究，2014（8）：11-18.

[238] 王满，徐晨阳. 金融错配下融资约束能抑制企业过度投资吗？[J]. 经济问题探索，2016（9）：135-145.

[239] 王文，孙早，牛泽东. 产业政策、市场竞争与资源错配 [J]. 经济学家，2014（9）：22-32.

[240] 王雅琦，李晋，韩剑. 出口退税率对分行业资源错配的实证分析 [J]. 世界经济研究，2015（4）：95-103+129.

[241] 王宇伟，盛天翔，周耿. 宏观政策、金融资源配置与企业部门高杠杆率 [J]. 金融研究，2018（1）：36-52.

[242] 王振山. 金融效率论——金融资源优化配置的理论与实践 [M]. 北京：经济管理出版社，2000.

[243] 向德伟. 运用 "Z 记分法" 评价上市公司经营风险的实证研究 [J]. 会计研究，2002（11）：53-57.

[244] 肖红叶. 高级微观经济学 [M]. 北京：中国金融出版社，2003.

[245] 谢呈阳，周海波，胡汉辉. 产业转移中要素资源的空间错配与经济效

率损失：基于江苏传统企业调查数据的研究［J］. 中国工业经济，2014（12）：130-142.

［246］邢天才，庞士高. 资本错配、企业规模、经济周期和资本边际生产率——基于1992—2013年我国制造业上市企业的实证研究［J］. 宏观经济研究，2015（4）：48-59.

［247］邢志平，靳来群. 政府干预的金融资源错配效应研究——以中国国有经济部门与民营经济部门为例的分析［J］. 上海经济研究，2016（4）：23-31.

［248］熊瑞祥，王慷楷. 地方官员晋升激励、产业政策与资源配置效率［J］. 经济评论，2017（3）：106-120.

［249］徐军辉. 中国式影子银行的发展及其对中小企业融资的影响［J］. 财经科学，2013（2）：11-20.

［250］杨涤. 金融资源配置论［M］. 北京：中国金融出版社，2011.

［251］姚毓春，袁礼，董直庆. 劳动力与资本错配效应：来自十九个行业的经验证据［J］. 经济学动态，2014（6）：69-77.

［252］于泽，陆怡舟，王闻达. 货币政策执行模式、金融错配与我国企业投资约束［J］. 管理世界，2015（9）：52-64.

［253］余静文. 汇率变动与资源错配——基于中国工业行业数据的分析［J］. 国际贸易问题，2016（10）：155-164.

［254］余静文，谭静，蔡晓慧. 高房价对行业全要素生产率的影响——来自中国工业企业数据库的微观证据［J］. 经济评论，2017（6）：22-37+121.

［255］余明桂，潘红波. 政府干预、法治、金融发展与国有企业银行贷款［J］. 金融研究，2008（9）：1-22.

［256］约翰·希克斯. 经济史理论［M］. 北京：商务印书馆，2010.

［257］翟胜宝，许浩然，唐玮，等. 银行关联与企业创新——基于我国制造业上市公司的经验证据［J］. 会计研究，2018（7）：50-56.

［258］张慧慧，张军. 中国分区域资源扭曲程度测算［J］. 上海经济研究，2018（3）：32-43.

［259］张杰，刘元春，郑文平. 为什么出口会抑制中国企业增加值率？——

基于政府行为的考察［J］.管理世界，2013（6）：12-27+187.

［260］张庆君，李雨霏，毛雪.所有制结构、金融错配与全要素生产率［J］.财贸研究，2016（4）：9-15.

［261］张巍，许家云，杨竺松.房价、工资与资源配置效率——基于微观家庭数据的实证分析［J］.金融研究，2018（8）：69-84.

［262］张小茜，孙璐佳.抵押品清单扩大、过度杠杆化与企业破产风险——动产抵押法律改革的"双刃剑"效应［J］.中国工业经济，2017（7）：175-192.

［263］张永冀，孟庆斌.预期通货膨胀与企业资产结构［J］.会计研究，2016（7）：27-34+96.

［264］张志强.考虑全部风险的资本资产定价模型［J］.管理世界，2010（4）：177-178.

［265］张钟文，陈永伟，许宪春.国内外关于资源错配的研究观点述评［J］.经济纵横，2016（5）：124-128.

［266］赵东启.稳增长意愿、产权性质与企业杠杆率［D］.南京大学，2016.

［267］钟宁桦，刘志阔，何嘉鑫，苏楚林.我国企业债务的结构性问题［J］.经济研究，2016（7）：102-117.

［268］钟覃琳，陆正飞，袁淳.反腐败、企业绩效及其渠道效应——基于中共十八大的反腐建设的研究［J］.金融研究，2016（9）：161-176.

［269］周海波，胡汉辉，谢呈阳.地区资源错配与交通基础设施：来自中国的经验证据［J］.产业经济研究，2017（1）：104-117.

［270］周黎安.中国地方官员的晋升锦标赛模式研究［J］.经济研究，2007（7）：36-50.

［271］周煜皓，张盛勇.金融错配、资产专用性与资本结构［J］.会计研究，2014（8）：75-80+97.

［272］邹静娴，申广军.中国服务业资源错配研究——来自第二次全国经济普查的证据［J］.经济学动态，2015（10）：81-93.